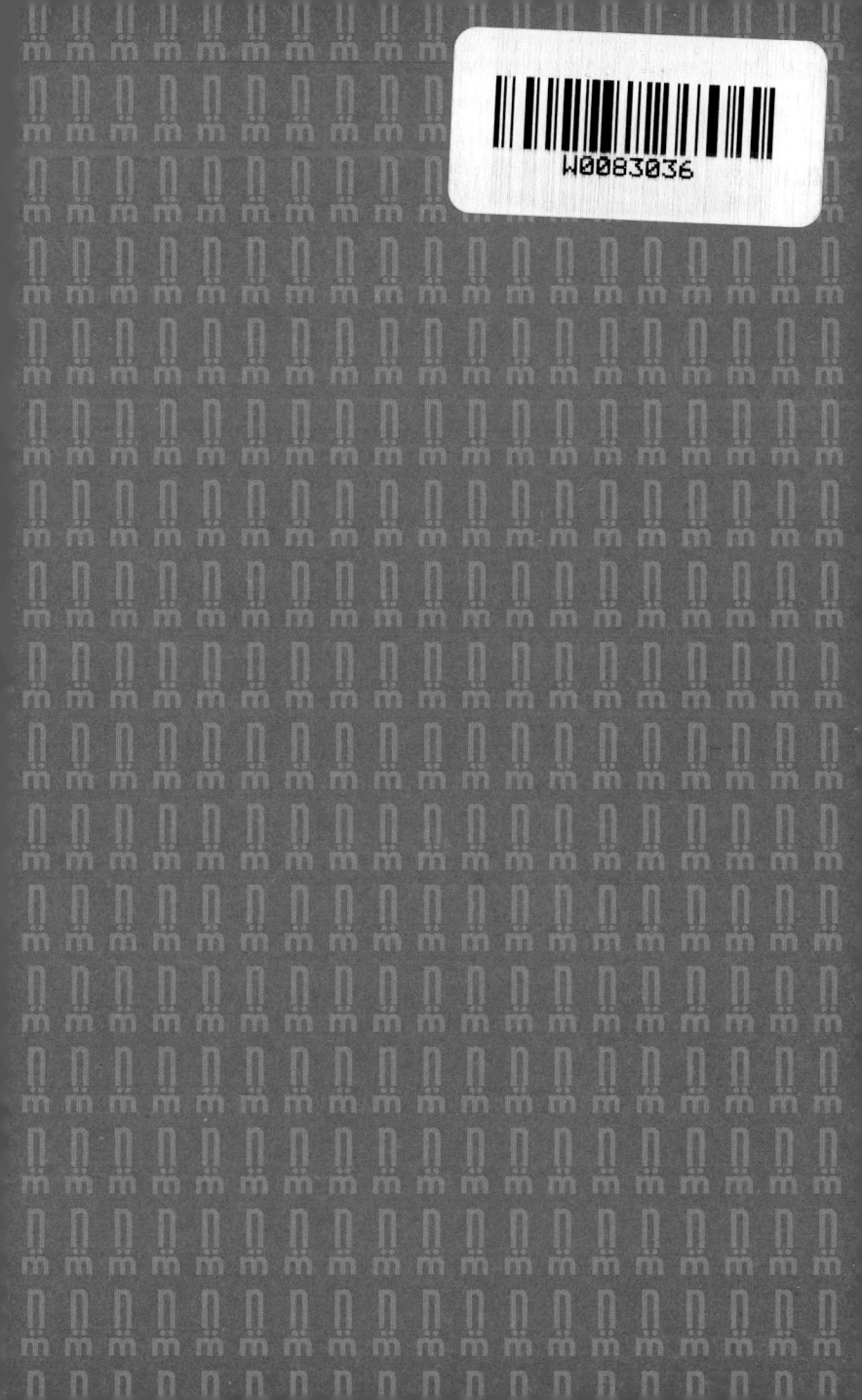

Angst

Petra Ramsauer

übermorgen

Angst

Petra Ramsauer

Inhalt

Vorwort

Natürlich werde dieser Text fragil bleiben und aus-schnitthaft ausfallen, schreibt Jana Hensel am Beginn ihres Essays in der Wochenzeitung *Die Zeit* über die Folgen von Corona. „Die Pandemie hat ein Beben ausgelöst: Etwas völlig Neues, gänzlich Unvorhersehbares, nichts Planbares. Keinen politischen Umsturz, keine Revolution, aber einen emotionalen Umsturz."[1] Damit trifft sie exakt mein Grundgefühl beim Schreiben dieses Buches. Die Pandemie des neuartigen Corona-Virus hat wie ein Brandbeschleuniger latente Sorgen an die Oberfläche getrieben. Vor allem die Angst davor, dass alles anders werden kann. Von einer Sekunde auf die nächste.

„Folge deiner Angst, wenn du zwischen zwei Alternativen schwankst." – Diesen hilfreichen Rat habe ich als junge Frau aufgeschnappt. Einen zweiten habe ich leider erst als ältere Frau erhalten: wann immer der Furcht-Reflex hochkommt, eine Pause einzulegen. Es reichen ein paar Atemzüge. So öffnet sich der Blick. Um das Richtige tun zu können und nicht in Hektik zu verfallen. In brisanten Momenten in Konfliktgebieten hat mir dies möglicherweise oft das Leben gerettet. Doch es hat auch meinen Alltag wohltuend verändert.

Als Krisenreporterin ist mein Leben davon geprägt, mich diesem elementaren Gefühl mit möglichst klarem Kopf zu stellen. Diese Erfahrungen möchte ich hier mit-teilen. Es geht in diesem Buch nicht um Angst als Krankheit, sondern um die Angst als fundamentales Gefühl, das die Weichen einer Biografie stellt, sie lähmen, aber auch beflügeln kann.

Dieses Buch soll Mut machen, sich der Angst zu stellen. Es besteht aus vier Teilen, vier Aspekten, die mir relevant scheinen und über die zu schreiben ich das Bedürfnis hatte. Zunächst geht es um die Angst als Reporterin, die Bedeutung von Kriegsberichterstattung, wieso Risiken Sinn machen können, dass ich immer eine Ängstliche war und blieb. Im zweiten Abschnitt beschreibe ich die Anatomie des Gefühls der Angst. Das dritte Kapitel beschäftigt sich mit der Macht der Angst und damit, warum die Pandemie des Corona-Virus zur Zäsur wird und was dies auch für unsere Wahrnehmung der vielen Krisen überall auf der Welt bedeuten wird.

Abschließend schreibe ich über die Angst als traurigen Ausdruck des Zeitgeists und warum eine offene Auseinandersetzung mit dem Tod einen Ausweg aus der bedrückenden Dauer-Ängstlichkeit bieten kann. Warum eine wohlmeinende Fehlerkultur uns aus dem Korsett der Perfektion befreit und es gar nichts bringt, sich vor der Angst zu fürchten.

Mich hat eine schwere Tumor-Erkrankung als junge Frau tief geprägt. Mir geholfen, die Wahrheit, dass ich sterben werde, zu akzeptieren. Das hat mein Rest-Leben sehr zum Guten verändert. Deshalb plädiere ich dafür, sich der Tatsache, dass wir alle zerbrechliche Sterbliche sind, zu stellen. Angst, finde ich, sollte ein ungelebtes Leben machen, nicht der Tod.

Angst kann ein Ratgeber sein, ein Impuls für Wachstum, aber auch ein Gefühl wie ein Bremsklotz, das sich verstärkt, wenn es vermieden, ignoriert wird. Richtig Angst zu haben ist eine Kunst, vielleicht eine der wichtigsten Lektionen im Leben. Basierend auf meinen Erfahrungen als Krisenberichterstatterin möchte ich dem Phänomen auf den folgenden Seiten auf die Spur gehen. Es mit der Angst aufzunehmen, bedeutet erst einmal, von ihr zu wissen. Sich ihr, wie eben betont, ruhig und ausgeschlafen zu stellen. Sie als Teil unseres Lebens zu akzeptieren.

Richtig Angst haben

Warum ich zwei Jahrzehnte lang über Krisen, Kriege und Konflikte berichtet habe und wieso ich glaube, dass es sich auszahlt, im Leben Risiken einzugehen.

Jetzt hat es mich doch erwischt. Eine Rakete? Ein Anschlag? Granaten? Bomben? Obere Stockwerke sind also doch nicht so sicher, wie alle sagen. Die Wand, ein Stück der Decke ist herausgerissen. Das Bett steht im Freien. Die schäbige Hinterwand des Nebenhauses mit den grauen Regenflecken ist auf einmal so nahe. Bin ich tot?

Bis heute sind mir alle Nuancen der Panik, die chaotische Gedankenflut dieses Moments präsent. Auch die seltsame Erleichterung darüber, dass „es" passiert ist. Aus dem oft vagen, manchmal konkreten Bild dessen, was geschehen könnte, wurde Realität. – Obwohl. Passiert war nichts, außer, dass mir an diesem Tag Mitte Dezember 2015 klar wurde: Ich stecke meinen Job doch nicht so locker weg.

Überfallsartig war damals nur die Entscheidung der Hausverwaltung, im Winter spontan die Fenster zu tauschen, die in meiner Dachwohnung von der Decke bis zum Boden reichten, so auch im Schlafzimmer. Als die Handwerker frühmorgens anrückten, ging ich weg. Zu Mittag kam ich kurz nach Hause, weil ich nicht warm genug angezogen war. Die Monteure waren gerade essen. Sie hatten die alten Fenster entfernt, die neuen noch nicht eingebaut. In Gedanken beim nächsten Interview, ging ich nur schnell zum Kasten. Als ich dann die Schlafzimmertür öffnete, wurde ich ins Nichts katapultiert. Die Baustelle verwandelte sich in einen Bombentreffer.

Ich war mir sicher, in einem Hotel im Gaza-Streifen zu sein. Das verstehe ich noch immer nicht ganz. Eigentlich stand damals Syrien im Fokus meiner Arbeit. Dort von einem Treffer überrascht zu werden, war eines meiner Angst-Szenarien. In Israel und den palästinensischen Gebieten hatte ich mich meist sicher gefühlt, auch während des Krieges im Sommer 2014, meiner damals letzten Reise dorthin. Einfach war es aber nicht gewesen. Die Hamas-Gruppe, ein Hybrid aus Terrororganisation und radikal-islamistischer Partei, hatte Raketen-Abschussrampen in Wohngebieten, bei Schulen und neben

Hotels platziert, in denen internationale Journalisten untergebracht waren. Ob diese Berichte stimmten? Ich vermutete ja, aber war mir nicht ganz sicher. Genauso wenig darüber, ob Israels Armee trotz deren Anwesenheit diese Rampen angreifen würde.

Solche Entscheidungen, etwa, ob ich in einem Hotel im Krieg in Gaza bleibe, beruhen nicht auf hundertprozentiger Sicherheit. Ein Restrisiko prägt meinen Berufsalltag. Wenn-Aber-Gedankenketten und diffuse Angst, die sie in Gang setzen, schwappen in mein „normales" Leben über. Nur sehr selten überwältigen sie mich aber so wie damals in meinem Schlafzimmer. Seit über zwanzig Jahren berichte ich von bewaffneten Konflikten, Bürgerkriegen und Revolutionen, vor allem aus dem Nahen Osten. Aus Gegenden, wo eine oft nicht minder gefährliche Instabilität hinter einer Fassade von Waffenruhe Konflikte abgelöst hatte. Schrieb über Terrorattentate in Bagdad, Madrid, London, Oslo und auf der Insel Utøya. Über Naturkatastrophen, wie die Folgen des Tsunamis 2014, Erdbeben, Dürreperioden, die daraus resultierenden Hungerkrisen in vielen Teilen Afrikas.

Mein Schwerpunkt waren allerdings Kriegsgebiete in Afrika und im Nahen Osten: Unter anderem Libyen, Afghanistan und vor allem Syrien und der Irak. Es sind jene Länder, in denen für Reporter und Reporterinnen[2] seit Jahren die höchste Gefahr droht, bei ihrer Arbeit getötet zu werden. Zwischen 1992 und 2020 sind laut Daten des Committee to Protect Journalists 1300 Journalisten ums Leben gekommen.[3] Ab dem Krieg 2003 wurde der Irak zum gefährlichsten Gebiet der Geschichte für Medienleute. 150 starben seither in diesem Land, in Syriens Bürgerkrieg verloren mit Stand Dezember 2019 bereits 137 meiner Kollegen und Kolleginnen ihr Leben. Noch höher ist die Gefahr für die Reporter, die aus diesen Ländern stammen. Sie gehen mehr Risiken ein als jene, die wie ich für Reportagen lediglich einige Wochen oder Monate in dem Krisengebiet leben.

Auch deshalb tue mir mit der Bezeichnung „Kriegsreporterin" schwer. Da schwingt ein Image mit, das für mich wenig stimmig ist: Es vermittelt den Hang dazu, das eigene Risiko-Leben zur Schau zu stellen, es zeichnet uns als Adrenalin-Junkies, die für eine „Story" die Angst einfach abstreifen. Mit meiner Realität hat dies wenig zu tun. Wenn ich arbeite, vermeide ich tunlichst draufgängerische Aktionen, und je gefährlicher ein Terrain ist, desto eher überlege ich mir jeden Schritt. Ich fürchte mich, bekomme es mit der Angst zu tun. Da gilt es, besonders vorsichtig zu sein, damit sie nicht in Panik abgleitet, mir die lebensrettende Klarheit nimmt. Die Ruhe im Sturm muss ich mir selbst vermitteln: durch exakte Vorbereitung, die mir festen Gedanken-Boden bietet. Durch die tief in mir verankerte Zuversicht, dass die schlimmsten Szenarien, die ich mir ausmale, zwar eine Möglichkeit, aber keine Prognose sind. Wenn das Herz zu rasen beginnt, geht es in erster Linie darum, dass ich mir exakt dann klar mache: Ich kann das. Gut sogar.

Dabei war und ist mein wichtigster Schutz, eine Frau und sehr klein zu sein. Ich kann mit der passenden Kleidung in der Menge verschwinden und unter weiten Gewändern sogar kugelsichere Westen, die Kamera und die Computertasche verstecken. In meinem Schrank hängen ein paar Shalwar Khamiz für Afghanistan, ein in Bagdad maßgeschneiderter, bodenlanger, schwarzer, dünner Mantel, sowie zwei Amateurinnen-Kopftücher, die fix halten (auch beim Laufen und Fotografieren), ohne gut gebunden sein zu müssen. Derzeit arbeiten viel mehr Reporterinnen in Krisengebieten als noch vor einigen Jahrzehnten. Diese Veränderung ist maßgeblich. Ein Beispiel dafür ist die wachsende Aufmerksamkeit, die sexuelle Gewalt im Krieg nun endlich erfährt. Frauen sind in den Kriegsgebieten des 21. Jahrhunderts gefährdeter als Kämpfer und Soldaten. Sexuelle Gewalt ist epidemisch. Umso wichtiger ist es, davon zu berichten. Und auch schlicht und ergreifend da zu sein. Manchmal sind Reporterinnen wie ich die Einzigen, die zuhören, die stundenlang bei einem Tee sitzen. Weil ich eine Fremde, aber auch eine Frau bin, die es in Kauf nimmt, die gleiche Angst wie ihre Gesprächspartnerinnen zu fühlen, fällt es vielen leichter, sich mir anzuvertrauen.

In meiner Gegenwart einmal eine Stunde zu weinen. Oder länger.

Ausziehen, um das Fürchten zu lernen

Essenzieller Teil meiner Arbeit ist es, exakt dann näherzurücken, wenn der normale Instinkt eigentlich sagt: Weg hier. Schnell. Dabei bin ich an meine Grenzen, manchmal auch über sie hinausgegangen. An ein „Hoch" nach einem überlebten Gefahren-Kick kann ich mich nicht erinnern. Eher an eine schweigsame, bittere Ernüchterung. Dieses Gefühl habe ich nach meinen Recherchen beim Kampf um Mossul 2017 lang mit mir herumgeschleppt. Monate hatte es gedauert, bis es der irakischen Armee gelang, die Millionenstadt von der Terrormiliz „Islamischer Staat" zurückzuerobern. Trotz des heftigen Bombardements der US-Armee und ihrer Verbündeten bot ein harter Kern der Terrormiliz im Westen der Stadt heftigen Widerstand. Scharfschützen nahmen auch über weite Distanzen alles ins Visier, was sich bewegte. IS-Kämpfer feuerten selbstgezimmerte, schwere Artillerie tief in jene Stadtteile, die schon als „erobert" galten. Straßenzug für Straßenzug wurde von Raketen und Kampfjets sturmreif gebombt, dann von der irakischen Armee erobert.

Über 10.000 Menschen starben bei dieser Offensive. Die Bevölkerung wurde zwischen den Fronten regelrecht zerrieben. Beim Versuch, sich vor den chaotischen

Kämpfen in Sicherheit zu bringen, irrten die flüchtenden Menschen orientierungslos umher. Vor allem ältere Leute und Kinder waren völlig geschwächt, einige waren, als sie sich endlich aus den Häusern wagten, am Verdursten. Mit Kriegsbeginn war die Versorgung mit Wasser und Lebensmitteln zusammengebrochen.

Zuvor war die Millionenstadt drei Jahre lang vom Terror-Regime des „Islamischen Staates" tyrannisiert worden. Doch erst die „Befreiung" entlarvte sich als Horrortrip. Getötete Terroristen wurden am Straßenrand liegen gelassen, ihre aufgeblähten Leichen von Hunden zerfleischt. Das Bild eines Mädchens in rosa Rüschenkleid und Sandalen, das völlig verschreckt an einer dieser Leichen vorbeiging, mit tastendem Schritt, habe ich noch vor mir. Unentwegt schlugen mit ohrenbetäubendem Krach Raketen ein, am Horizont waren bisweilen nur Rauchsäulen der Detonationen zu sehen: Es schien mir, als wäre ich in ein apokalyptisches Film-Set geraten. „Was will die Welt von uns? Warum kämpfen alle immer im Irak?", brüllte mich ein Mann an, der soeben seinen 19-jährigen Neffen in einer Gefechtspause beerdigte. Der war ums Leben gekommen, weil die Terror-Miliz einen Sprengsatz am Rollladen seines Geschäfts versteckt hatte. Als er in einer Waffenruhe den Shop öffnen wollte, entlud sich der Funken Hoffnung auf ein wenig Normalität in einer tödlichen Detonation. Ich saß nach der schnellen Beerdigung mit den Hinterbliebenen

im Gras, eingemummt in eine 24 Kilo schwere Schutz-
weste, erschöpft, regennass und rechnete nach. Es war
meine 23. Reise in den Irak.

Als ich wenige Tage später meine Reportage über
diese Tage in Mossul schrieb, von einer Großfamilie mit
zwei Schwangeren und einem Mädchen im Rollstuhl er-
zählte, die unter Beschuss gekommen waren, wurde mir
klar: Moment. Ich hatte doch neben ihnen gestanden.
Erst in diesem Moment begriff ich, dass ich in größter
Lebensgefahr gewesen war, ohne einen Funken Angst
verspürt zu haben. Ein Indiz, dass mir diese Reise fast
zu viel geworden wäre.

Dies steht allerdings in keinem Verhältnis zu dem
„Zuviel", das der irakischen Bevölkerung zugemutet
wird, wo ich eine Generation im Krieg aufwachsen gesehen habe. Von 2003 bis 2020. Laut den Daten der Organisation Iraq Body Count sind in den Konflikten und
Kriegen des Iraks in dieser Phase bis zu 200.000 Zivilis-
ten umgekommen; inklusive Soldaten und Milizen waren es 288.000. Der überwiegende Teil – wie die Opfer
in Mossul – starb bei den internationalen Luftangriffen.

„Moralische Verwundung": Dieser neue Fachbegriff
beschreibt das Spannungsgefühl jener, die sich emotional zu nahe an die Ungleichheit der Wertigkeit von
Menschenleben heranwagen. Und sich ihrer Hilflosigkeit ausgeliefert fühlen. Mit dieser Verwundung habe
ich zweifelsfrei zu kämpfen. Was mir bei diesem Beruf

mehr zusetzt als die Angst um Leib und Leben, ist das Ertragen dieser Ungleichheit. Gleichzeitig liegt der Sinn meiner Arbeit darin, sie aufzuzeigen. Auch wenn ich einiges in Kauf nehme.

Jede Biografie erreicht wenigstens einmal Krisenmomente, wo die Angst auf ihre Plätze verwiesen werden muss. Nur so legt sich ihre Dominanz und das Leben braucht nicht in einer sicheren Komfortzone abgewartet werden, sondern kann getrost dort stattfinden, wo für jeden und jede sein und ihr Glück liegt. Mit der Nervosität, die man fühlt, wenn man vor einem Sprung an einer Klippe steht, verglich der Philosoph Sören Kierkegaard die Angst. In seinem 1844 verfassten Traktat *Der Begriff Angst* schreibt er, dies sei jenes Schwindelgefühl, das beim Blick auf die Freiheit der eigenen Möglichkeiten einsetzt: „Dies ist ein Abenteuer, das jeder zu bestehen hat: Dass er lerne sich zu ängstigen, denn sonst geht er dadurch zugrunde, dass ihm nie angst war, oder dadurch, dass er in der Angst versinkt. Wer hingegen gelernt hat, sich recht zu ängstigen, der hat das Höchste gelernt." Er präzisiert sehr anschaulich: Das Frei-Sein von Angst ist nicht das Leben ohne Furcht, sondern der im Durchgehen durch die Angst erlebte Reflexionsprozess. Man fürchtet sich „vor" etwas, aber man „hat" Angst. – Und um Letzteres geht es hier.

Der Sprung ins Nichts

Als wir den gefährlichen Abschnitt der Strecke erreichten, verwandelte sich meine Haut in das hauchdünne Häutchen unter einer Eischale. So verwundbar fühlte ich mich. Der Fahrer unseres Autos drückte das Gaspedal durch. Wir rasten mit 144 km/h über Schlaglöcher. Die kräftigen Erschütterungen überlagerten mein Zittern. Danach fühlte ich mich nicht als glorreiche Heldin. Ich war schlicht und ergreifend froh, zu leben und in Aleppo zu sein. Viel mehr konnte ich am Beginn dieser Reise im Sommer 2013 nicht denken.

Der Ostteil dieser syrischen Stadt war während des Bürgerkrieges drei Jahre lang eine Hochburg der bewaffneten Opposition. Um dorthin zu gelangen, musste man illegal aus der Türkei nach Syrien einreisen; ein Pressevisum des syrischen Regimes für den Besuch von Aufständischen war ausgeschlossen. Die sechzig Kilometer lange Route von der Grenze bis Ost-Aleppo galt als „sicher". Mit einer Ausnahme. Die letzte Etappe vor der Stadt führte über einige Kilometer dicht an Stellungen der syrischen Armee vorbei. Hier waren auf einer Anhöhe Scharfschützen in Stellung. Sie zielten auf Autos, die vorbeifuhren. Wer nach Aleppo wollte, in ein wichtiges Zentrum des syrischen Aufstandes, musste hier durch.

Ob „es" das wert war? – Ja. Eine andere Antwort fällt mir nicht ein. Ich war danach in Krankenhäusern, die heimlich im Untergrund geführt wurden oder mit Sandsäcken verbarrikadiert waren. Im Notfall wurden dort auch die vielen Brandwunden mit Lehm behandelt, da Medikamente fehlten. Ärzte erzählten, sie müssten auch Amputationen ohne Anästhesie durchführen. Doch die größte Angst waren Luftangriffe, die das Wenige, was noch an Hilfe möglich war, pulverisierten. Eine 13-Jährige lag wimmernd, hoch fiebernd in einem Krankenbett. Ihre Leber war von einem Granatsplitter zerfetzt worden. In einer Not-Operation war es gelungen, ihr Leben zu retten, nur ohne Antibiotika waren die Komplikationen nach dem Eingriff kaum in den Griff zu bekommen. Niemand vom medizinischen Personal wollte mir seinen Namen nennen oder auf ein Foto. „Ärzte, die im Oppositionsgebiet arbeiten, gelten als Terroristen, unsere Familien geraten in größte Gefahr, wenn man uns identifiziert", erklärte mir ein Arzt. Viele stammten wie er aus dem immer schon besser situierten Westen Aleppos, nannten sich „medizinische Deserteure".

Die für mich besonders wichtigen Einblicke während meiner Reisen in diese Region boten Begegnungen mit den Trägern und Trägerinnen des Aufstandes gegen das syrische Regime. Ich traf einen Anwalt und einen Richter, die in ihren vereinsamten Büros eine neue Verfassung für Syrien erarbeitet hatten. Rechtsstaatlichkeit, Kontrollorgane der Macht, freie Wahlen: Dafür sollte ein dicker Stapel Papier den Rohentwurf bilden. Sie knallten mir den Packen wutschnaubend auf einen Tisch. Das würde doch der Westen wollen, und warum bekämen sie keine Hilfe, lautete ihr Vorwurf. Einen Tag nach unserem Gespräch wurden sie verhaftet. Von den „eigenen" Leuten. Denn ihr neues Syrien war den islamistischen Fraktionen der Opposition nicht genehm. Diese hatten mächtige Milizen als Rückhalt; finanziert von den Golfstaaten und der Türkei mit einer klaren politischen Agenda, die sich als „Scharia"-Gericht manifestiert hat, untergebracht am Gelände der ehemaligen Augenklinik im Osten Aleppos.

Zirka 300.000 Menschen lebten damals noch in diesem Teil der einstigen Wirtschaftsmetropole Syriens. Die Industriegelände waren Kraterlandschaften, die Infrastruktur, der Kanal und die Wasserversorgung desolat. Diesel für Generatoren und Fahrzeuge wurde in Limonaden-Flaschen am Straßenrand um horrende Preise verhökert. Unter Kindern grassierte die Krätze, aus Schulen wurden provisorische Unterrichtseinheiten in Kellern. Jede Sekunde konnte hier blitzartig eine Fassbombe einschlagen. Tonnenschwere Geschosse, gefüllt mit Sprengstoff, Nägeln, manchmal Chlorgas. Die Vorwarnzeit für solche Fassbomben lag, wenn es hell war, bei einer halben Minute. Ein kleiner Punkt am

Himmel war zu sehen, ein Surren war zu hören, dann der Lärm der Detonation.

Tausende solcher Fassbomben torpedierten jahrelang Aleppos Osten. Wenn sie in den Häuserreihen ihre heimtückische Sprengkraft entfalteten, zerfetzten die Metallteile alle in nächster Nähe. Staubwolken gingen hoch, die Lungen kollabieren ließen. Menschen erstickten qualvoll. Es war billige Munition, die ein Maximum an Angst und ein Minimum an Kosten verursachte. Nicht einmal der Tod der eigenen Bevölkerung war Syriens Regime mehr wert als das Recycling von Metallschrott.

Ich schlief mit einer Tasche in der Hand, in der Telefon, Pass und Bargeld steckten. Die Stiefel, die kugelsichere Jacke legte ich neben das Bett. Bevor ich mich hinlegte, übte ich mehrmals die Handgriffe, um alles zu finden, damit ich mich auch im Dunkeln und im Halbschlaf blitzschnell in Sicherheit bringen konnte. Geholfen hätte es im Ernstfall niemals. Aber es half mir einzuschlafen, eingelullt in eine selbstgestrickte europäische Blase, in der Kontrolle Sicherheit vorgaukelt.

Warum es hilft, etwas zu riskieren

Vor solchen Reisen wäge ich zig Male ab, ob das Risiko noch in irgendeiner Relation zum Nutzen steht. Wenn ich passe, lese ich oft mit ein wenig Neid die Reportagen anderer, die sich öfters als ich vor allem nach Syrien wagten. Auch das gehörte zu meinem Alltag: zu lernen, solche Gefühle mit Hilfe von ein paar sehr langen Atemzügen vom Ego abperlen zu lassen. Die sozialen Medien befeuern diesen Mix an Konkurrenz und der Versuchung, sich als einzigartige Reporter-Marke zu präsentieren, das Image durch immer mehr, immer riskantere Recherchen zu festigen. Älter und gelassen zu sein tut in diesem Klima gut. Denn auch da lauern Risiken. Das „Selfie" im Kriegsgebiet verstellt nicht nur den Blick auf die Geschichte, es entstellt auch mich zur Darstellerin einer unechten Heldinnen-Saga. Reisen, wie ich sie oben kurz beschreibe, machen nur dann Sinn, wenn ich mehr als meine Geschichte erzählen kann. Nur so lässt sich langfristig Qualität schaffen, die Erfolg begründet.

„Es gibt nur zwei Gründe, als Reporter in seinen Texten aufzutreten. Man ist entweder sehr schwer verwundet worden, oder man hat etwas wirklich Außergewöhnliches gesehen", stellt der amerikanische Journalist Peter Kann[4] für mich wohltuend klar fest. Alles andere sei seiner Meinung nach – und hier leger zusammengefasst – Zeichen von sehr schlechtem Geschmack. Kann wurde 1972 für seine Reportagen über den Krieg zwischen Indien und Pakistan mit dem Pulitzer-Preis ausgezeichnet, schrieb über den Vietnam-Krieg. Es war jene Ära, in der Kriegsberichterstattung zu einer gewichtigen Rolle fand. Nick Uts Foto der neunjährigen Kim Phúc, die mit ausgestreckten Händen aus ihrem Dorf läuft, das mit Napalm-Bomben angegriffen worden war[5], ist das bekannteste Beispiel. Dieser Krieg wurde nicht nur in Fernost verloren, sondern auch in der von Massenmedien neu formierten Nachrichten-Landschaft.

Reporter und Reportinnen, die in dem Jahrhundert vor Vietnam in diesem Genre gearbeitet haben, zum Beispiel im Spanischen Bürgerkrieg oder in den beiden Weltkriegen, haben sich natürlich bereits als mehr als neutrale Chronisten der Ereignisse verstanden. Vom Krieg zu erzählen war immer auch ein politisches Statement, das die elektronischen Medien verstärkten. Ein wesentlicher Impuls, der Kriegsberichterstattung auch als Mission definierte, war der Bosnien-Krieg, besonders die immens riskante Berichterstattung über die Belagerung Sarajewos: Von 1992 bis 1996 war die Stadt eingekesselt, über 10.000 Menschen starben bei den hunderten täglichen Angriffen. „Es gab eine ganz klare moralische Agenda. Es war eindeutig, welche Seite die falsche und welche die richtige war", so der Fotoreporter Paul Lowe[6]. „Das war nicht parteiisch, auch wenn ich eigentlich kein Problem damit habe, mich für eine Seite stark zu machen." Es sei, sagt er, etwas anderes, als ein Zeuge von Geschehnissen aufzutreten, als bloß Augenzeuge zu sein. Es ist eine feine, aber gewaltige Unterscheidung, die er hier trifft, und die mein Verständnis meiner Arbeit gut erläutert: Für sie bin ich bereit, auch gefährliche Situationen in Kauf zu nehmen.

Zu den riskantesten Dingen gehört aber, davon bin ich felsenfest überzeugt, darauf zu vertrauen, dass solche Reportagen mit Sicherheit etwas bewegen können und sich zu einem politischen Drehmoment verdichten. Es deshalb zu tun, führt geradewegs in die Verzweiflung. Ein halbes Jahrhundert, bevor die von sozialen Medien dynamisierte Informationsflut so richtig einsetzte, hielt Susan Sontag der Branche bereits einen sehr kritischen Spiegel vor. Intensiv wie wenige andere hat sich die Autorin, Regisseurin und Philosophin mit der Schnittmenge von Gewalt, Krieg und Fotografie auseinandergesetzt. Ihre Essay-Sammlung *Über Fotografie* aus dem Jahr 1971 ist ein ernüchterndes Dokument für jene, die meinen, ihr Leben als Reporter dafür zu riskieren, dass Kriege aufgehalten werden können. Unter anderem schreibt sie, dass Abstumpfung durch die Dauer-Information die nötige Empörung verhindere. Später revidiert sie ihre Kritik allerdings. In dem Buch *Das Leiden der Anderen betrachten*[7] schreibt sie dreißig Jahre später: „Es ist schlicht nicht vorstellbar, wie abscheulich, wie horrend Krieg ist. Wir – dieses ‚wir‘ ist ein jeder von uns, der niemals so etwas erlebt hat oder erleben wird, was diese Menschen aushalten. Wir begreifen das einfach nicht." – Erst durch die Berichterstattung darüber bestehe so etwas wie eine Chance, dass solche Erlebnisse real würden. Exakt darin definieren sich für mich Sinn wie auch Erfolg meines Jobs, für den ich Risiken eingehe: Erzählen, was ist.

Unaufgeregt und treffend beschreibt dies einer der wichtigsten zeitgenössischen Fotojournalisten, James Nachtwey: „Durch deine Fotos kommst du mit jenen Erfahrungen in Kontakt, die Menschen, die du siehst, durchmachen. Man ist im selben Raum, zur selben Zeit, und muss die gleichen Risiken aushalten. Aber ich habe meine Arbeit nie um den Selbstzweck des Risikos getan. Es auf mich zu nehmen war einfach nur die Voraussetzung dafür, meinen Job machen zu können."[8]

„Geh raus, bevor du die Story hast"

Er sei „spezialisiert auf die Wirklichkeit", formuliert der deutsche Fotoreporter Volker Krämer seine Berufsauffassung. Dreißig Jahre hat er für das Magazin *stern* aus Krisengebieten berichtet. Der überaus routinierte Reporter und zwei seiner Kollegen starben am 19. Juni 1999, während sie über den Kosovo-Krieg berichteten. Sie wurden von einem Söldner einer serbischen Miliz auf der Verbindungsstraße in die mazedonische Hauptstadt Skopje erschossen. Er wollte ihren Wagen, um flüchten zu können.[9] Es war der erste Tag des Waffenstillstands in diesem Konflikt; der erste, über den ich als Reporterin berichtet habe. Ihr Tod hat mich nicht nur schockiert, sondern auch geprägt. Die Kollegen starben nicht an der Front, im Kugelhagel, sondern nach dem Krieg, durch die Tat eines Einzelgängers. In einem Moment, als sich Erleichterung breitzumachen begann.

Die für mich wichtigste Lektion war: Die Gefahr hält sich an kein Drehbuch. Ich habe deshalb von Anfang an in dem Bewusstsein gearbeitet, dass ich jeden Moment achtsam, vorsichtig sein muss. Mit mir, in jedem Moment und auch den Menschen gegenüber, deren Geschichten ich erzähle. Seit ich in dem Bereich arbeite, hat sich der Alltag in diesem Beruf verändert. Sicherheitstrainings vor den Einsätzen in Krisengebieten sind zur Norm geworden. Besonders Reporterinnen arbeiten zwar in unterschiedlichen Medien gegen-, im Feld aber miteinander. Was uns alle derzeit verbindet, Männer und Frauen, ist, dass viele freischaffend tätig sind. Jene, die in angestellten Positionen in Krisengebieten tätig sind, verfügen über ein immer geringeres Budget: Nur durch Kooperation sind viele Reportagen überhaupt noch leistbar; doch trotzdem übersetzt sich zu wenig Geld für sichere Fahrzeuge und verlässliche Übersetzer in ein immer höheres Risiko, und beides führt dazu, dass für die Berichterstattung aus jenen Gebieten, wo Menschen Wahrnehmung durch internationale Medien dringend bräuchten, um zu überleben, diese Reporter fehlen.

Ein Pamphlet gegen die immer schlechteren Rahmenbedingungen stammt von einer der derzeit erfolgreichsten italienischen Reporterinnen, Francesca Borri: „Es kann vorkommen, dass ich 70 Euro für einen Text aus Syrien bekomme. Da muss ich aber 50 Dollar bezahlen, wenn ich irgendwo auf einer schmutzigen Matratze die Nacht verbringen möchte. Ein Auto kostet mindestens 250 Dollar, wenn es billig ist." Diese Spesen muss sie von ihren Honoraren finanzieren. „Medien, die lange Storys darüber bringen, wie unfair die Löhne bei der T-Shirt-Erzeugung sind, kümmern sich nicht darum, wie sie ihre freien Reporter bezahlen."[10] Das Risiko, irgendwann erschöpft aufgeben zu müssen, weil freie Wochenenden oder gar Urlaub bei dem Einkommen nicht drin sind, fühlt sich deshalb besonders für freie Reporter realer an, als von einer Granate getroffen zu werden.

Das Gefühl, immer mehr in die Enge getrieben zu werden, wird von einem weiteren, zuletzt massiv gestiegenen Risiko immens verstärkt: entführt zu werden. Dies hat viel damit zu tun, dass von der Terrormiliz „Islamischer Staat" in Syrien und dem Irak eine der bislang größten Gefahren ausgeht. Ein Dutzend Reporter wurde entführt, darunter sehr gute Freunde. Zwei dieser Journalisten, Jim Foley und Steven Sotloff, wurden von den Terroristen geköpft. Videos der brutalen Morde wurden zu Propagandamaterial verarbeitet, das ich wie Millionen anderer gesehen habe. Einer der Ermordeten, Steven, hatte – soweit ich das vage rekonstruieren konnte – im Sommer 2013 nur kurz nach mir exakt jenes Auto und jenen Fahrer genommen, mit dem ich von Aleppo kommend zur türkischen Grenze gefahren bin. Er nahm es für die Gegenrichtung.

Bereits 2002, mit der Entführung und grausamen Ermordung des amerikanischen Journalisten Daniel Pearl durch al-Kaida-Terroristen in Pakistan, nach den vielen Fällen gekidnappter Reporter im Irak-Krieg ab 2003 und auch in Afghanistan hat sich das Angst-Niveau von Reportern verändert. Seither ist in manchen Regionen jeder Schritt, jeder belanglose Stopp an einer Tankstelle, in einem Restaurant ein potenzieller „Tipp" an Terror-Gruppen, dass hier ein Opfer zu finden ist. Oft werden bis zu zweistellige Euro-Millionen-Summen von den Familien und den Herkunftsländern verlangt. Mein Leben als Reporterin war von dieser Gefahr massiv geprägt. In jedem Moment. Doch erst der Tod der beiden Kollegen führte mir schonungslos vor Augen, was ich bei Reisen nach Syrien, in den Irak und auch Afghanistan eigentlich aufs Spiel setzte. Diese Angst steckt tief in mir.

„Das Ausmaß der Traumata von Journalisten und Journalistinnen in Konfliktgebieten lässt sich mit dem von Soldaten in Kampfeinsätzen vergleichen," sagt der kanadische Psychiater Anthony Feinstein. Einen Unterschied gebe es aber sehr wohl: Die meisten Kriegsreporter üben diesen Beruf mindestens 15 Jahre, viele sogar zwanzig Jahre aus. „Kein Einsatz von Soldaten in einem Krieg dauert so lange. Angesichts dessen ist der Wert, den unsere Studien ergaben, dass 70 Prozent nicht traumatisiert sind, eigentlich bemerkenswert", so Feinstein, der seit Jahren als einer der wenigen Wissenschaftler die Seelen von Kriegsberichterstattern erforscht. Hunderte Journalisten und Journalistinnen hat er untersucht und eine hohe Resilienz entdeckt. „Frauen, die diesen Beruf ergreifen, sind dies besonders", sagt er. Trotzdem: Die Gefahr, traumatisiert zu werden, ist bei jenen, die diesen Beruf ergreifen, fünfmal so hoch wie bei anderen Berufen. „Journalisten, die von Konflikten berichten, sind zahlreichen Stressfaktoren ausgesetzt, von Einschüchterungen bis zu Scheinhinrichtungen. Und sie werden Zeugen vieler Todesfälle." Angesichts dieser Umstände sei ein wesentlich höherer Grad an langfristigen seelischen Verletzungen zu erwarten. Feinstein erklärt sich dies mit genetischen Unterschieden, zitiert dazu Forschungsergebnisse, die zeigen, dass manche Menschen darauf gepolt sind, ein höheres Anspannungsniveau nicht nur auszuhalten, sondern auch zu suchen. – Dazu mehr gleich im nächsten Teil.

Anders sei jedoch Syrien, wie eine weitere Studie Feinsteins unter 59 internationalen Reportern und Reporterinnen zeigte.[11] Er verglich das Ausmaß ihrer Traumatisierung mit einer Vergleichsgruppe, die nach 2003 über den Irak-Krieg berichtet hatte. Die Rate von Depressionen, Selbstmordgedanken und einem tiefsitzenden Gefühl von Wertlosigkeit ist bei Reporterinnen und Reportern, die von den Gräueln in Syrien berichteten, signifikant höher. Es ist eine Beobachtung, die ich bestätigen kann. Nichts hat mich so mitgenommen wie das Gefühl, Jahr für Jahr von einem fürchterlichen Konflikt zu berichten, von dem viel zu wenige in seiner Brutalität Notiz nehmen wollen. Mein Entschluss, nun im Herbst meine Arbeit als Kriegsreporterin zu beenden, hat viel damit zu tun. Aber nicht nur. Ich habe 22 Jahre in Kriegs- und Krisengebieten gut und sicher überlebt. Dieses Glück, das ich hatte, will ich nicht ewig auf die Probe stellen.

„Geh raus, bevor du die Geschichte hast", dieser Satz wurde mir von jemandem überliefert, der für die Vereinten Nationen in Krisengebieten als Pressesprecher gearbeitet hat. Ihm wurde das als zentrales Gebot bei einem Gefahren-Training von Sicherheitsexperten der BBC eingebläut. Ich habe nie nachgeprüft, ob das dort wirklich so gelehrt wurde, weil ich mir diesen Satz nicht mehr nehmen lassen wollte. Ich wollte vermeiden, in diesem Buch irgendeinen „Rat" zu geben, sondern es bei Impulsen belassen. Doch hier mache ich eine Ausnahme: Es gibt in diesem Leben alles und nichts zu versäumen. Es kommt nur darauf an, zu wissen, was wichtig ist und sich diesen beiden zentralen Herausforderungen im Leben zu stellen: Ja und Nein zu sagen und die Angst als Kompass exakt dafür zu nutzen. „Geh raus, bevor du die Geschichte hast" bedeutete für mich, mir selbst immer einen Spielraum zu lassen. Müdigkeit, Überforderung und das Bedürfnis, mich zurückzuziehen, vor allem

Angst zu respektieren, nicht immer die „Allerbeste" sein zu müssen, sondern ich sein zu können, die einiges nicht mehr schafft und trotzdem Wertvolles leistet.

Was Angst macht

Die Anatomie dieser elementaren Emotion: Wie unser Gehirn auf Gefahr reagiert, warum Angst auch Lust machen und das Leben auf den Kopf stellen kann.

„Was hat Sie zuletzt so richtig erschreckt? Als Sie Ihr Kind im Einkaufszentrum verloren haben? Der Arzt sagte, es sei leider ernst? Sie nach dem Aussteigen an der Haltestelle jemand verfolgte? – Das war die altmodische Angst, an die erinnern Sie sich bestimmt. Aber es gibt Momente einer inneren Angst, die als solche Ihnen wahrscheinlich gar nicht bewusst sind", sagt die Psychologin Pippa Grange[12], Autorin eines Buches über den Umgang mit diesem Gefühl: „Es sind Momente, in denen Sie die Angst kontrollierte, ohne als solche identifizierbar zu sein: Der Augenblick, als sie sich nicht ausgefüllt fühlten, der richtige Erfolg fehlte. Sie macht sich durch Eifersucht bemerkbar, oder wenn Sie Menschen verurteilen, Sie ein Anflug von Perfektionismus packt oder der Drang, einen Kollegen anzubrüllen."

Es ist ein sehr weiter Sprung, zu dem ich jetzt ansetze. Von der Angst im Krieg, die der Betroffenen, meiner eigenen, der Frage, ob die Notwendigkeit, über Krisen zu berichten, ausreichend „Sinn" macht, um Risiken nicht nur einzugehen, sondern auch die Angst gut zu verkraften, zum Alltag im „ganz normalen" Europa. Und der Angst hier. Das Leitmotiv variiert allerdings kaum. Es mit der Angst aufzunehmen, mit ihr zu leben und nicht gegen sie, entscheidet maßgeblich über die Freiheitsgrade; privat und politisch.

Um die Angst zu erkennen, ist es nötig, genau hinzusehen. Vor allem im Graubereich, wenn die Grenze zwischen Angst, die krank macht, und dem „normalen" Zu-viel-Sorgen-Machen zu verschwimmen scheint. Auch wenn die Fachleute beide Phänomene immer klarer voneinander abgrenzen, im Alltag ist es schwierig zu sagen, wo eines aufhört und das andere beginnt. Unverdaute, weggeschobene Ängste, die sich als Furcht vor dem Versagen in den Alltag einschleichen, können Dauerstress verursachen, gibt die Psychologin Sarah Sarkis zu bedenken: „Wenn Menschen extrem viel leisten, um ihre Minderwertigkeit zu kompensieren, droht es sie krank zu machen. Das ist wie bei einer Maschine. Wenn der Treibstoff verschmutzt ist, sind Spitzenleistungen möglich, aber sie geht irgendwann kaputt."[13] Viel erreichen, um es allen recht zu machen, um tiefe Selbstzweifel zu übertauchen: Dies kann zum Dynamo einer tollen Biografie werden, zum Fundament des Erfolgs. „Es bleibt trotz allem dieses nagende Gefühl, nicht zu genügen, also wird noch mehr gearbeitet, bis ein Zusammenbruch droht, weil es keine Entlastungsphasen gibt, schlicht die Ruhe fehlt", so Sarkis.

Es mit der Angst aufzunehmen bedeutet also, sich früher oder später gehörig zu fürchten. Sie tarnt sich perfekt, steckt in vielen zentralen Lebensbereichen. Dieses bange „Nicht-genug-Sein" orte ich als ein Leitmotiv häufig in unserer Gesellschaft, auch ich habe mühsam gelernt, es zu überwinden. Es ist ein Trost, dabei nicht allein zu sein. Selbst Menschen, die großartige Karrieren geschafft haben, gehen hart mit sich ins Gericht. So gab Otto Schenk, einer der renommiertesten und erfolgreichsten Künstler Österreichs, im Gespräch mit der Journalistin Conny Bischofberger[14] anlässlich seines 90. Geburtstags zu: „Sehr oft war ich ein versagender Tölpel, ein ängstlicher, mit sich unzufriedener Querkopf."

Unser Überlebensgefühl

Bevor ich mich dieser chronischen Ängstlichkeit widme, auch die Folgen der von dem neuartigen Virus SARS-CoV-2 ausgelösten Pandemie aufzeige, muss der Boden aufbereitet werden: Erst einmal nach „der" Angst gesucht werden, was sie macht, ausmacht, was sie bewirkt. Die Frage führt in einen weitläufigen, unübersichtlichen Raum. Lichtkegel der Psychologie, Medizin, Biologie, Soziologie, Theologie, Philosophie leuchten stetig neue, unterschiedliche, mitunter widersprüchliche Ecken des Raumes aus. Seit über zweitausend Jahren wird sie analysiert, erforscht, als Machtmittel von Religionen, in der Politik bis hin zum Arbeitsplatz missbraucht. Angst kann Leben retten, da sie blitzschnell den Organismus aktiviert, und sie kann, wenn sie missbraucht wird, Leben zerstören. Krank machen, aber auch wichtige Veränderungen im Leben initiieren.

Es gibt noch viele weiße Flecken auf der Landkarte der Angst, obwohl zuletzt viel an Neuland vermessen wurde, vor allem von der Naturwissenschaft. Bildgebende Verfahren ermöglichen es, Gefühlen im Gehirn beim Entstehen zuzusehen. Wesentlich dafür, das Wesen von Angst besser zu begreifen ist, dass Mechanismen klarer werden, wie Gene die Weichen für die Persönlichkeitsstrukturen stellen. Wir wissen jetzt auch, dass traumatische Erfahrungen sich körperlich manifestieren, sogar vererbbar sind. Es kristallisiert sich heraus, dass selbst sehr große Ängstlichkeit als Eigenschaft nicht zwingend Nährboden für Angststörungen ist. Auch sind es weniger Erfahrungen, sondern angeborene Faktoren, die maßgeblich an ihrer Entstehung beteiligt sind. Lange dominierte die Arbeit Sigmund Freuds das Verständnis von Angst in der Medizin. Erst 1945 fand in den USA die erste wissenschaftliche Psychologen-Konferenz zu dem Thema statt. Zu diesem Zeitpunkt gab es gerade einmal ein paar Fachartikel über das Thema.[15] Heute ist die Fülle an Information nicht mehr zu überblicken. Die Suchbegriffe „Angst" und das englische „anxiety" ergeben bei Google zusammen 400 Millionen Treffer. Ein deutliches Indiz, wie groß die Rolle dieser Regung ist: privat, im eigenen Leben, gesellschaftlich, aber auch politisch.

Im Empfinden von Angst steckt die Geschichte der gesamten Menschheit genauso wie die eines einzelnen Menschen. Die Wahrnehmung des Gefühls bestimmt ein interaktives Mosaik. Zu dessen Bausteinen zählen Erfahrungen, die Gesellschaftskultur, in der jemand aufwächst, Prägungen der Evolutions- und der Familiengeschichte. Einen Rohentwurf der Angstbilder geben unsere Gene vor, die im Schnitt vierzig Prozent der Umrisse abstecken. Die Feinarbeit übernimmt das Leben: Geborgenheit, schmerzhafte Brüche, erlernte Ängste, Enttäuschungen, Risiken, die eingegangen oder vermieden worden sind. Dieser bei jedem und jeder einzigartige Mix hinterlässt einen unverwechselbaren emotionalen Fingerabdruck auf der Seele. Diesen Effekt, dass nicht die Summe der Teile, sondern erst die Prozesse, die sie wechselseitig auslösen, uns zur eigentlichen Charakteristik der Emotion führt, beschreibt der chilenische Philosoph und Neurowissenschaftler Francisco Varela[16] präzise mit folgenden Worten: „Das Gehirn ist ein höchst kooperatives System: die sehr dichten Verknüpfungen zwischen seinen Bestandteilen bedingen, dass letztlich alles, was geschieht, eine Funktion dessen ist, was alle Bestandteile machen."

Die mit Angst spielen

Nicht nur Furcht, sondern auch Angst empfinden alle höheren Tiere, doch die des Menschen ist in ihrer Bandbreite einzigartig. Weder lässt sich ein gemeinsamer Nenner von Angstmachern definieren noch eine allgemeingültige Skala der Intensität erstellen. Selbst ein Mensch kann cool und gelassen Gefahrensituationen überwinden, aber bei einer völlig banalen Alltagssituation schlottern ihm die Knie. Natürlich gibt es uns alle verbindende Muster: Todesangst sowie die Angst davor, nicht geliebt zu werden, sind die stärksten Trigger des Gefühls. Eine wichtige Differenzierung ist dabei, zwischen dem Zustand und dem Charaktermerkmal der „Ängstlichkeit" zu unterschieden. Ihr Ausmaß ist normal verteilt in der Bevölkerung; die extremen Ausprägungen sind allerdings radikal unterschiedlich. Für manche kann sich eine U-Bahn-Fahrt so schwindeler-regend anfühlen wie ein Looping auf der Achterbahn. Andere spüren erst im „Kick" ihrer Angst die eigene Lebendigkeit.

Sich an einem Seil in die Tiefe zu stürzen und andere Extremsportarten haben ihre Fans. In der Angst kann nämlich auch Lust stecken. Sehr viel sogar. Von den Steilhängen der Alpen bis Hollywood lässt sich mit dem Spiel von Anspannung und der daraus folgenden Erleichterung eine Menge Geld machen. „Angstlust" ist Leitmotiv von Literatur seit Aristoteles im Theater. So beschreibt er in seinem Werk *Poetik* die beabsichtigte Wirkung eines Stückes damit, dass durch die Erregung des Gefühls der Furcht, *Phobos,* und ihrer Auflösung, der Reinigung, die *Katharsis* der seelischen Entspannung erreicht werden soll.

Schrecken kann als Spiel faszinieren, sogar die Ängstlichen. Aber anders als im Theater oder im Kino sind im realen Leben nur wenige dazu bereit, mit über hundert Stundenkilometern auf Skiern einen Steilhang herunterzupreschen, bei der Feuerwehr oder in einer Spezialeinheit von Sicherheitskräften zu arbeiten, als Notfallmedizinerin oder als Krisenreporterin. Warum Menschen Angst so unterschiedlich wahrnehmen, hat der Psychoanalytiker Michael Balint als einer der ersten systematisch analysiert. 1959 veröffentlichte er die Ergebnisse seiner Arbeit unter dem Titel *Thrills and Regression,* ein

Jahr später auf Deutsch *Angstlust*. Balint identifiziert dabei zwei Verhaltensweisen: jene der „Philobaten" und „Oknophilen", quasi der Reizsucher und der Reizvermeider. Sie unterscheiden sich in ihrer Beziehung zur Welt, zu den „Objekten", wie Balint es nennt. Philobaten suchen immer wieder die Distanz, den freien Raum und eben die Erregung des Thrills. Oknophile brauchen den Schutz ihrer Umgebung, klammern sich an Beziehungen, ihre größte Angst ist es, das Liebesobjekt zu verlieren.

In etwa zeitgleich mit Balints Arbeiten gewann die Forschung über die Verarbeitung von Reizen im Gehirn zunehmend an Dynamik. Prägend bis heute sind darunter die Studien des Psychologen Marvin Zuckerman[17], zu dessen Erkenntnissen es zählt, dass es für jeden Menschen ein optimales Reiz-Niveau gibt. Er verglich dies mit der Wassertemperatur, die jeder und jede beim Baden unterschiedlich angenehm findet. Und manche mögen es eben heiß: Als „Sensation Seekers" bezeichnet er jene, die stark nach intensiven Sinneseindrücken und Erfahrungen streben und bereit sind, dafür Risiken in Kauf zu nehmen. „Sie rauchen eher, trinken mehr, sind eher zu Stress-Berufen hingezogen", fasst Zuckerman Eckpunkte dieses Persönlichkeitstyps zusammen. Dabei betont er, es würde sich dabei um völlig normale Charaktere handeln, die eben zu riskantem Verhalten tendieren. Eine Gesellschaft braucht diese ebenso wie jene, die weniger Reize suchen. Buchhalter *und* auch Feuer-wehrleute. „Die Abenteurer unter den Sensation See-kern lassen sich evolutionsbiologisch erklären", betonte dazu auch der deutsche Psychologe Falko Rheinberg, der diverse Analysen zu Extremsportlern erstellt hat, in einem Interview. „Ohne sie säßen wir heute noch in Höhlen. Der Mensch, der als erster nicht vor dem Feuer weggelaufen ist, hat seine Kompetenzen erweitert und Entwicklung ermöglicht."[18]

Laut Zuckermans Studien weist das Gehirn risikobe-reiter Menschen sowohl bei biochemischen als auch bei physiologischen Prozessen spezifische Merkmale auf. Elektrochemische Reaktionen auf Reize sind verstärkt. Dazu zeigen sich niedrigere Werte eines Enzyms, das den Botenstoff Dopamin – das legendäre Glückshor-mon – verarbeitet. Auch spätere Forschungen nach Zu-ckerman deuten darauf hin, dass die unterschiedliche Aktivierung des Belohnungszentrums des Gehirns eine Rolle dabei spielt, ob jemand erst bei Nervenanspan-nung optimale Betriebstemperatur erreicht, sie rich-tiggehend genießt. In diesem Kontext sehr faszinierend ist, dass Zuckerman auch zeigte, dass jene Effekte die Risiko-Bereitschaft begünstigen, die gleichzeitig eine höhere Widerstandsfähigkeit gegen Traumatisierung bergen dürften. Dies könnte damit zusammenhängen, dass „Sensation Seeker" Angst insgesamt etwas anders verarbeiten, wie der Neurobiologe Kerry Ressler vermutet: „Es ist wahrscheinlich, dass sie die körperlichen Reaktionen des Gefühls eher im Griff haben, weil jene Teile des Gehirns, die für die kognitive Verarbeitung von Information zuständig sind, in gefährlichen Situationen besonders lange die Kontrolle behalten."[19]

Angst basiert auf entwicklungsgeschichtlich alten Gehirnstrukturen, die bei allen Säugetieren anatomisch und neurochemisch ähnlich aufgebaut sind, ähnliche Regungen auslösen. Die Existenz solcher „Primäremotionen" – Zorn, Abscheu, Glück oder Trauer – zählt zu den Entdeckungen des Evolutionsforschers Charles Darwin.[20] Dazu führte er Mitte des 19. Jahrhunderts eine der ersten psychologischen Studien überhaupt durch, in der er untersuchte, wie Menschen Emotionen in den Gesichtern anderer identifizieren. Ein Jahrhundert nach Darwin identifizierte Jaak Panksepp Schaltkreise im Gehirn, die sieben verschiedene Gefühle regeln.[21] Entscheidend ist dabei: Nicht ein bestimmtes Areal, sondern Prozesse steuern und bedingen Emotionen. Diese Schaltkreise sind im Rohbau genetisch vorgegeben. Eine wichtige Phase ihres Endausbaus – er mag vielleicht zeitlebens nie ganz abgeschlossen sein – ist die Zeit nach der Geburt, wenn das Baby abhängig von der Umgebung ist; sich die Nervenbahnen dieser Kreise entweder festigen können, neu vernetzen oder zu wenig Stärkung erfahren.

In einem Experiment zeigt Panksepp, wie stark Gefühlsregungen einander beeinflussen und überlagern können. Dabei wurden neugeborene Rattenbabys beobachtet. Zunächst begannen sie in dem zur Messung festgelegten Zeitraum von fünf Minuten, bis zu fünfzigmal miteinander zu spielen. Vier Tage später wurde ein Katzenhaar in den Käfig gelegt. Der Instinkt der Ratten setzte den Angst-Kreislauf in Gang und sie hörten abrupt auf, herumzutollen. Erst drei Tage, nachdem das Haar entfernt worden war, begannen sie wieder zaghaft zu spielen, doch sie erreichten nie wieder die Spiel-Frequenz aus der Zeit vor dem Katzenhaar. Daraus zog Panksepp Schlüsse, die zentral für das Verständnis unserer Gefühlswelt sind. Ist der Zustand von Angst einmal getriggert, dauert es sehr lange, bis der Einfluss dieser Emotion auf andere Gefühle wie Freude wieder nachlässt; mitunter ist nach einem prägenden Angstmoment vieles eine Zeit lang nicht mehr so, wie es einmal war.

Geschichten, die ich mir erzähle

Auch in unseren Gehirnen sind uralte Bedrohungsszenarien wie in jenen der Rattenbabys gespeichert. Vor Stürmen, großen Höhen, Spinnen oder etwa Schlangen. Es sind Relikte der gröbsten Bedrohungsszenarien unserer Ururahnen. Evolutionär sind solche angeborenen Angstneigungen vorteilhaft: Ein kurzer Blick, ein Geräusch oder Geruch aktiviert blitzartig den Lebensrettungs-Modus. Glücklicherweise hat die Evolution auch dafür gesorgt, dass der Mensch im Laufe seiner Entwicklung eine gewaltige Portion Verstand dazu erlangte. Deshalb können wir auch bei Gewitter weiter am Computer spielen. Manchmal allerdings tricksen uns diese alten Bilder aus. Etwa bei dem mulmigen Gefühl, wenn wir auf einem durchsichtigen Boden über eine Schlucht gehen. Da hilft bei vielen nicht das Wissen, dass es sich vielleicht sogar um Panzerglas handelt, um fröhlich weiterzuwandern.

Manche Ängste sind zwar nicht angeboren, aber sehr leicht zu erwerben. Affen etwa fürchten sich vor Schlangen, sobald sie eine entsprechende Reaktion auf ein Reptil bei einem anderen Affen beobachten konnten. Doch auch Reize, die lange Zeit neutral oder positiv wahrgenommen wurden, können durch Lernprozesse irgendwann mit Gefahr assoziiert werden und später selbst Angst auslösen. Wenn ein neutraler Reiz gleichzeitig mit oder kurz nach einem unangenehmen Reiz wie etwa Schmerz auftritt, färbt die Angst, die der unangenehme Reiz auslöst, auf den neutralen Reiz ab. Doch hier können Fehlschaltungen passieren. Die Umgebung zum Beispiel, in der einmal eine Panikattacke passiert ist, wird da fälschlicherweise als Trigger identifiziert.

Angst wird also nicht zwingend durch etwas ausgelöst, das von außen kommt, und nicht alle Menschen reagieren gleich auf die mögliche Gefahr. Die vielen Variationen des Erlebens spiegeln sich in der Sprache: Furcht. Schrecken. Terror. Horror. Panik. Besorgtheit. Grusel. Beklemmung, Bangnis. Obwohl diese Wörter eigentlich unterscheidbare Phänomene meinen, werden sie oft synonym für Angst gebraucht, da ihre Bedeutungen in unserer Wahrnehmung ineinander übergehen. Trotzdem charakterisiert Angst ein Alleinstellungsmerkmal. Sie geht über den Moment hinaus; oft sehr weit. Nicht das fürchterliche Ereignis macht Angst, vielmehr die Erwartung, formulierte es Sigmund Freud[22]: Das Entscheidende der Angstreaktion sei die Verschiebung des Gefühls der Hilflosigkeit auf die Erwartung der Gefahrensituation. Nach dem erstmals erlebten Schema – Gefahr, Alarm und Überforderung, Angst – genüge der Anlass, mitunter schon der Gedanke daran, um das Gefühl auszulösen. „Der Schmerz ist die eigentliche Reaktion auf einen Verlust, die Angst richtet sich auf die Gefahr, welche dieser Verlust mit sich bringt."

Dieser feine, aber zentrale Unterschied wird bei Gefahrensituationen deutlich. Zum Beispiel bei plötzlichem Glatteis. Blitzschnell werden zig Entscheidungen getroffen. Der gesamte Organismus ist in Millisekunden aktiviert. Das ist noch die Furcht. Angst entsteht beim Nach-Denken über die Gefahr. Wenn man sich ausmalt, was passieren hätte können. Sie kann aber auch später vor einem Ausflug bei winterlichen Bedingungen einsetzen. Kausal-Zusammenhänge, wie „Winter ist gefährlich", die wir glauben entschlüsselt zu haben, sind hilfreich, wenn in der Zwischenzeit eine rutschfeste Ausrüstung angeschafft wurde. Es kann aber auch sein, dass künftig jeder winterliche Ausflug panisch vermieden wird. Exakt hier liegt das Problem. Die Erklärung, die ich mir für meine Angst aus meiner Erinnerung bastle, aus meinen Urteilen über mich und die Welt, kann schlicht und ergreifend falsch sein. Genauso kann es sich aber gut anfühlen, so richtig Angst zu haben.

Es geht also um Kommunikation, und dies auf allen Ebenen. Botenstoffe im Organismus übertragen das Signal, orchestrieren die Reaktion. Zentral ist auch die Rolle des inneren Dialogs, welche Geschichte sich die Psyche zu den Anhaltspunkten erzählt, die sie von den Sinnen erhält. Und natürlich ist die Kommunikation mit anderen wesentlich: Wenn jemand erklärt, was „wirklich" Angst machen soll. Flüchtlinge, zum Beispiel, oder Mobilfunk-Masten, die ein Virus verbreiten. Jene Hirnareale, die für vernünftiges Abwägen, den sorgsamen Check der Informationen zuständig sind, haben im Angstzustand schlechte Karten. Das gilt in erster Linie im Moment spontaner Gefahr. Doch auch wenn sich ein Problem nicht akut, sondern nur überwältigend anfühlt, sind rasche, einfache Lösungen verlockend. Sicherheit ist nötig, „es" wieder unter Kontrolle zu haben, dies behebt die nagenden Zweifel. – Diffuse Ängste bieten somit ein gefährliches Einfallstor für „Fake News", die bequeme Auswege aufzeigen oder Sündenböcke identifizieren.

„Ängstliche neigen dazu, sich eine zunächst nur unbestimmte Katastrophe auszumalen und die Umgebung mit den bedrohlichen Agenzien zu bevölkern, die gerade seiner größten Angst entsprechen", beschreiben Thomas Fuchs und Stefano Micali einen Aspekt der Phänomenologie der Emotion in ihrem Beitrag zu dem sehr umfassenden, 2013 erschienenen interdisziplinären *Handbuch der Angst.*[23] „Diese strenge Unterscheidung zwischen Wahrnehmung und Phantasie ist in der Angst suspendiert. Sie neigt zur Illusionsbildung; sie lässt uns, wie das Kind angesichts von Schatten im dunklen Wald, an die Wirklichkeit unserer Phantasien glauben."

Seele im Ausnahmezustand

Schwindel, weiche Knie, Herzflattern, plötzliche Übelkeit, eisige Hände und Füße, Rastlosigkeit, höchste Erregbarkeit. Angst manifestiert sich mitunter überwältigend im Körper. Ein Kampf zwischen alten Gehirnstrukturen, die instinktiv und reflexhaft auf Bedrohung mit dem Stress des Überlebenskampfs antworten, und dem jüngeren, abwägenden und rationalen Bewusstsein setzt ein. Es gewinnt nicht immer. Eine PowerPoint-Präsentation vor dem Führungsteam fühlt sich dann wie der Angriff eines Säbelzahntigers in der Savanne an. Letzterer konnte für unsere Vorfahren tödlich enden, doch ein Fehler im vorgetragenen Bericht eher nicht. Wenigstens nicht auf der Stelle. Von Angst ausgelöster Dauerstress kann sehr wohl das Leben gefährden; vor allem, wenn sie weggeschoben wird, sich zu einem Knäuel unterschiedlicher Unwohl-Gefühle im Bauch verknotet.

Nicht immer fühlt sie sich so greifbar akut an wie im Moment der Gefahr. Da kann sie das Denken außer Kraft setzen, erfasst einen mit Haut und Haaren, die Körperbehaarung, Relikte eines Fells, steht zu Berge. Die Körpertemperatur sinkt. Der Atem stockt. Die Luft bleibt weg. Diese massive Reaktion übersetzt sich in die Sprache. Das Wort Angst wurzelt im althochdeutschen *angust*, vom indogermanischen Wort *anghu* abgeleitet, verwandt mit der lateinischen *angustia*, was Enge, Bedrängnis bedeutet. Die Spur führt weiter zum altgriechischen *anxein*: würgen, drosseln. Die Angst packt uns wörtlich, wo wir am verwundbarsten sind, bei Atmung und Herz.

Der Trigger wird über die Sinne erfasst. Ein Ast, der wie eine Schlange aussieht. Ein explosionsartiges Geräusch. Die skeptischen Blicke der Chefin bei der Präsentation. Zuerst erreicht die Information den Thalamus im Kleinhirn, quasi das Tor zum Bewusstsein. Dieses Areal fungiert im Gehirn wie ein Filter, der alle Informationen, die über Augen, Ohren, Nase und die Haut wahrgenommen werden, in wichtige und unwichtige sortiert.

„Der Thalamus leitet wie ein Postbote Nachrichten an die zuständigen Stellen weiter, ohne sie zu verarbeiten", erläutert es der Psychiater und Psychologe Borwin Bandelow in seinem *Angstbuch*.[24]

Erreicht den Thalamus ein Alarmsignal, kann es über zwei verschiedene Informationswege weitergeleitet werden. Die langsamere dieser Alarmanlagen braucht etwa ein Drittel einer Sekunde, um zu reagieren. Sie führt zuerst über die Großhirnrinde. Zu ihr gehört der präfrontale Cortex, zuständig für die Kontrolle von Impulsen, die Abwägung des Handelns, kurz: unsere Vernunft. Es ist der jüngste Teil des Gehirns, macht den Menschen zum sozial denkenden, vorausschauenden und reflektierenden Wesen. Hier wird die Aufregung interpretiert. Was stimmt da nicht? Was ist zu tun, um die Kontrolle wiederzuerlangen? Sind Leib und Leben bedroht? Das Gedächtnis wird durchleuchtet. Dazu wird auf den Hippocampus zugegriffen, benannt nach seiner Form, die einem Seepferdchen ähnelt. Hier werden neue Eindrücke mit gespeicherten Bildern verglichen, etwa mit einem gezückten Messer, mit dem Ast am Wegesrand oder dem Bild der Schlange. Die Explosion als Feuerwerk identifiziert. Oder als lebensbedrohliche Situation.

Wird der Alarm richtig identifiziert, kommt die Amygdala in Schwung. Sie ist Teil eines alten Hirn-Areals, des „limbischen Systems", Hort der Gefühle. Die Amygdala ist für die Erinnerung, aber auch für Angst zuständig; sie nimmt eine Schlüsselrolle im Krisenmanagement ein. Diese mandelförmige Ansammlung von Nervenzellkörpern gibt es doppelt, jeweils hinter dem linken und im rechten Schläfenlappen. Sie kann blitzschnell den Katastrophenschutz aktivieren. Über enge Vernetzungen zum Hirnstamm nimmt sie mit Atmung und Kreislauf Kontakt auf, sorgt dafür, dass uns das Herz bis zum Halse klopft. Die Amygdala bekommt aber auch Rückmeldungen, wenn unsere Organe gestresst sind, und reagiert darauf. An der interaktiven Rolle dieser Angst-Schnittstelle zeigt sich eindrucksvoll, wie sich die Dynamik der Angstgefühle, wie sich die Reaktionen hochschaukeln können.

Die beiden Amygdala-Zentren spielen zudem eine wesentliche Rolle dabei, wie stark sich Angstgefühle und deren Zusammenhänge ins Gedächtnis einprägen. Eine Panikattacke in einem Park kann versehentlich den Anblick eines Parks zum künftigen Trigger solcher Anfälle entstellen. Borwin Bandelow beschreibt es so: „Die Amygdala funktioniert wie ein Flaschenhals, den Emotionen durchqueren müssen. Je stärker der emotionale Eindruck, desto höher ist die Wahrscheinlichkeit, dass er im Langzeitgedächtnis abgespeichert wird. Sie ist der zentrale Ort, von dem Angstreaktionen, aber auch Panikattacken ausgehen. Wird sie gereizt, kommt es zu einem Feuerwerk von Nervenentladungen."

Sie ist auch eng mit dem Hypothalamus vernetzt, der das vegetative Nervensystem koordiniert. Hat die Amygdala eine Gefahr erkannt, funkt sie diese Stelle an, die das Nebennierenmark aktiviert. Jetzt wird Adrenalin ausgeschüttet, Blutdruck, Puls, Hautwiderstand und Muskelaktivität steigen, die Darmtätigkeit ist gehemmt. Der Körper ist in Alarmbereitschaft. Mit „fight or flight", Kampf oder Flucht, hat Walter Cannon, Pionier der Stressforschung, diese Reaktionen erstmals 1915 beschrieben. Sinnesorgane werden zu Spitzenleistungen hochgefahren, Herzschlag und Atmung beschleunigen sich, Sauerstoff wird in die Muskeln gepumpt. Für beide Optionen wird jeder Funken an Energie im Körper gebündelt.

Zehnmal so schnell kann allerdings der zweite Alarm-Kreislauf aktiviert werden. Der Notruf. Dabei wird der kühl berechnende Frontallappen ausgebremst und die älteren Hirnareale übernehmen das Kommando. Der Thalamus schickt in einer solchen Situation die Eilmeldung direkt an die Amygdala. Der Hippocampus, der für den Gegencheck zuständig ist, wird erst danach eingeschaltet. In diesem schnellen Reflex können Fehler passieren, die, wenn nötig, im Nachhinein korrigiert werden. Ist Entwarnung angesagt, holt der Hippocampus zur Not Beistand beim rationalen frontalen Cortex. „Hey, alles ist gut. Alle können sich wieder beruhigen", lautet die Botschaft vor allem an die Amygdala.

Bleibt der Alarmzustand aufrecht, so wird nach der Adrenalinausschüttung das Hormon Cortisol aktiviert, das vor den Folgen einer zu langen Hochaktivierung durch Adrenalin schützen soll. Dieser Botenstoff sorgt für erhöhte Wachsamkeit auf einem niedrigeren Niveau. Lässt der Überlebensstress – bewusst oder unbewusst – aber nicht und nicht nach, kann dies zu einem Erschöpfungszustand führen. Der Blutdruck steigt, ebenso das Risiko für Herzinfarkte und Schlaganfälle. Die Immunabwehr lässt nach, Infekte können leichter ausbrechen, im schlimmsten Fall fehlt die nötige Abwehrkraft, um Krebszellen zu erkennen und auszulöschen.

Im Stress etwas Neues wagen

Stress bedeutet damit zunächst einmal nicht mehr, als dass der Körper besonders leistungsbereit ist – eine Mobilisierung, die nicht nur bei einer Bedrohung der körperlichen Unversehrtheit nützlich ist. „Ohne Stress würden wir uns gar nicht weiterentwickeln", formuliert es Gerald Hüther, Neurobiologe und einer der führenden deutschen Gehirnforscher in seinen Büchern zum Wesen der Angst.[25] „Belastung stärkt, Belastung stählt. Ein Immunsystem, das immer nur geschont wird, weiß nicht, wie es Angriffe abwehren soll. Wer keine Rückschläge erleidet, keine Krisen meistert, kann nicht über sich hinauswachsen und Vertrauen in die eigenen Fähigkeiten entwickeln."

Angst erfasst den ganzen Körper, das gibt ihr eine Sonderstellung im Repertoire der Emotionen. Sie ist unser Leitgefühl, Triebfeder der Entwicklung, ein Anstoß, um zu lernen, sehr vereinfacht zusammengefasst: ein Wachstumsimpuls für das Gehirn. „Wenn uns etwas unter die Haut geht, dann entfaltet es erst Kraft", so Hüther. „Wir bekommen dieses Gefühl immer dann, wenn wir erleben müssen, dass unsere Vorstellungen davon, wie wir leben wollen, was unser Leben ausmacht und was wir für ein glückliches Leben brauchen, sich nicht verwirklichen lassen. Dann haben wir das Gefühl, dass der Boden, auf dem wir stehen, unter unseren Füßen wegrutscht." Auch Existenzängste manifestieren sich wie ein Alarmstatus, der eine Kampf-Flucht-Reaktion auslöst. Der Blutdruck steigt, die Gedanken drehen sich im Kreis. Ruhelosigkeit setzt ein, eine Schock-Haltung. Der Blutdruck sinkt. Wir fühlen uns passiv, gelähmt. Das Denken ist erschwert.

Das treibe Menschen in die Verzweiflung, betont Hüther: „Das Gefühl, alles, wofür man gekämpft, gearbeitet hat, das Halt, Orientierung und Sinn geboten hatte zu verlieren, bricht dann wie ein Kartenhaus in sich zusammen. Davor, dass ihnen genau das zustoßen könnte, haben die meisten Menschen allergrößte Angst. Und dennoch: Wie sollte ein Mensch jemals zu der Einsicht gelangen, dass er sich mit seinen Vorstellungen davon, worauf es im Leben ankommt, völlig verrannt hat?" Angst wird zur Krise, wenn sich ein Problem über kurz oder lang ausweglos anfühlt, die Stressreaktion nicht abklingen kann, so Hüther. „Wenn eine Belastung auftritt, für die eine Person keine Möglichkeit einer Lösung durch ihr eigenes Handeln sieht, an der sie mit all ihren erworbenen Reaktionen und Strategien scheitert, kommt es zu einer unkontrollierbaren Stressreaktion. Diese kann Minuten bis zu Wochen anhalten. Gelingt dies, erweist sich die Belastung als kontrollierbar, dreht sich die Wahrnehmung um: Aus Angst wird Zuversicht, Mut." – An diesem Knackpunkt stellen sich die Weichen: Hier wird der brisante Moment, das Risiko, das eventuell eingegangen wurde, zum Grundstock für weitere Wagnisse.

Denn das Gehirn der Menschen ist elastisch, lernfähig. In der Spanne der Evolution, die zwischen Sauriern und Säugetieren lag, wurde der Grundstein dafür gelegt. Nicht fest geregelte Bahnen lenken die Reaktion auf Wahrnehmungen, sondern die Nervenzellen begannen, sich neu zu organisieren. Mit dem Bild eines Straßennetzes wird dieser Quantensprung der Evolution verständlich. Riesenechsen kamen mit einem unveränderbaren, quasi einzementierten „Straßennetz" zur Welt, das die Nerven-Bahnen für Reaktionen unverrückbar festlegte. Säugetiere jedoch sind in der Lage, in ihren Gehirnen neue Verbindungen zu knüpfen. Dies bedeutet, auf neue Herausforderungen reagieren zu können, neue Reaktionswege einzuschlagen, diese zu festigen oder auch alte Routen zu kappen. Vor allem Stressreaktionen führten dazu, dass die Gehirne größer und lernfähiger wurden, und sie sind auch, wie Hüther sagt, „der große Modellierer, der sogar noch im Laufe unseres Lebens immer wieder dafür sorgt, dass Verschaltungen, die sich als Sackgassen erweisen, aufgelöst und neue Wege eingeschlagen werden können. Und in beiden Fällen ist der Auslöser dieser Reaktion Angst."

Selbstsicherheit lässt sich einzementieren, auch bei Bedrohungen. Genauso wie das Gegenteil: das nagende Gefühl, sich auf dünnem Eis durchs Leben zu tasten. Jederzeit mit dem fatalen Zusammenbruch zu rechnen, wird chronisch, wenn immer mehr Schritte vermieden werden. Fritz Riemanns[26] beschrieb in seinem vor fünfzig Jahren erschienenen Buch *Grundformen der Angst* vier Ausprägungen von Angst entsprechend der jeweiligen Persönlichkeits-Strukturen: die Angst vor Selbsthingabe, also vor Abhängigkeit; die Angst vor Selbstwerdung, erlebt als Isolierung; die Angst vor der Wandlung, die sich als Unsicherheit zeigt; sowie die Angst vor der Notwendigkeit. Riemann belässt es hier nicht bei der Beschreibung von „Symptomen", sondern übersetzt diese in Forderungen an das Leben. Dazu zählt zentral das Wagnis zur Wandlung: „Würden wir diesen Impuls der Angst aufgeben, so blieben wir im Gewohnten haften, einförmig schon Daseiendes wiederholen und die Zeit und die Mitwelt würde uns vergessen."

Ängstliche scannen die Welt ständig nach Gefahren, es fehlt ihnen die Aufmerksamkeit für alles, was hoffnungsvoll, beruhigend ist oder Lösungen darstellen könnte. Wer sozusagen eine „hohe Angstbereitschaft" hat, der behält die Gefahr genauso wie die Lösung und das Beruhigende im Blick. Es ist also eine Grundkompetenz des Lebens: Wie jemand mit Angst umgeht, ob es gelingt, die Segel so zu setzen, dass die Bö von höchster Anspannung einen ruckartig vorwärtsbringt oder sie einen vom Kurs abdriften lässt, entscheidet maßgeblich über das eigene Lebensglück. Freilich lässt sich Angst nicht zum Wohlfühlfaktor schönreden. Das wäre sogar kontraproduktiv. Das Gefühl der Angst ist sehr unangenehm. Und gerade deshalb im Idealfall so effizient. Angst kann das Leben retten und in ihrer Radikalität elementare Lebendigkeit versprühen, wenn die Alltagsbahnen zu starr geworden sind. Und gleichzeitig kann dieses Gefühl regelrecht krank machen, jede Lebendigkeit lähmen und ersticken.

Die Macht der Angst

Über Traumata im Krieg, wo Angst zur Waffe wird. Und wie die Corona-Pandemie die Ur-Angst des Kontrollverlusts auslöste und unsere Welt verändert, weil die Krisenerfahrung keine Grenzen mehr kennt.

Khaled Khalifa hat sich vor Jahren für ein Leben in Angst entschieden, um seine Seele zu retten. Der syrische Autor ließ seine Aufenthaltsgenehmigung für die USA samt Stipendium der Elite-Universität Harvard sausen und kehrte nach kurzem Exil heim. Fürchterliche Albträume hatten ihn im sicheren Ausland so sehr gequält, dass er lieber die Risiken des Alltags in Syrien in Kauf nahm. „Alle sind gegangen, nur ein paar sture Seelen wie meine sind noch da. Und wir krallen uns aneinander", beschrieb er im Frühling 2020 den zermürbenden Alltag im Bürgerkrieg.[27] „Wir haben viele Formen des willkürlichen Todes erfahren. Städte sind zu Boden gewalzt, zerbombt worden, eine halbe Million von uns sind tot, elf Millionen auf der Flucht. Jetzt warten wir auf den nächsten Schlag in Gestalt eines Virus."

Es sei allen klar, sagt Khaled Khalifa, dass Menschen dem Regime von Präsident Bashar al-Assad gleichgültig seien, gleich ob Folter, ein Virus, der Krieg sie verschwinden lässt: „Es kümmert sie nicht einmal, dass so viele geflohen sind." In seinem 2019 erschienenen fünften Roman *Der Tod ist harte Arbeit* beschreibt Khaled Khalifa das Inferno des Krieges, „wie Außergewöhnliches normal wurde, Tragödien zum Gewöhnlichen." Er geht mit solch offenen Worten große Risiken ein. Unbequeme Stimmen verstummen oft in Syrien. Seit Beginn des Konflikts sind mindestens 130.000 Regimekritiker in den Foltergefängnissen der Geheimdienste verschwunden; viele dürften grausam umgekommen sein, von 14.000 ist es gewiss.[28] Die Inhaftierung und Misshandlung bis hin zur Exekution Andersdenkender ist in Syrien seit einem halben Jahrhundert Teil des Systems. Mit dem Krieg wurde die Gangart noch verschärft. Die Inhaftierten sind der Brutalität ihrer Wärter ausgeliefert. Kaum ein Gefangener wiegt mehr als fünfzig Kilo; zusammengepfercht in winzigen Zellen, wird um Eier- und Orangenschalen gefochten, weil es kaum zu essen gibt.[29]

Not und Repression sind Routine. Im zehnten Bürgerkriegsjahr verschärfte der Kollaps der Volkswirtschaft die Lage zusätzlich. 2011 bekam man für einen US-Dollar fünfzig syrische Pfund, Ende 2019 einige hundert. Mitte 2020 lag der Kurs bei 3.500 Pfund. Die Preise für Grundnahrungsmittel waren in einem Jahr um 240 Prozent gestiegen, Gehälter wertlos geworden, Banknoten als Zigarettenpapier gebraucht. Dabei waren zuvor schon 40 Prozent der Syrer arbeitslos, 80 Prozent so arm, dass sie nur mit Hilfsgütern überleben. Ungeachtet dessen ging der Krieg weiter, in dessen Verlauf auch die medizinische Infrastruktur eine Zielscheibe war. Fast sechshundertmal wurden Krankenhäuser gezielt angegriffen, laut einem Bericht der Weltbank dabei mehr als die Hälfte zerstört. 900 Ärzte und Ärztinnen sowie Pflegerinnen und Pfleger wurden getötet.

Verantwortlich für diese Zerstörungswut war die syrische Armee gemeinsam mit dem verbündeten Russland. Todesangst zu schüren war eine der Waffen, die eingesetzt wurde, um Oppositionelle und die Bevölkerung in den Gebieten, wo sie Fuß gefasst hatten, zu brechen. Die Rechnung ging auf. Syrien wurde so zum Präzedenzfall einer neuen, höchst brisanten Ära der Straflosigkeit. Das internationale Recht wurde wieder und wieder gebrochen, Giftgas eingesetzt, die Zivilbevölkerung ins Visier genommen. Ohne nennenswerte Konsequenzen. Es wurden zwar drakonische Wirtschafts-Sanktionen gegen das Regime und seine Mitstreiter verhängt, doch das Regime Assad konnte so den Aufstand brechen.[30]

Die Pandemie des Corona-Virus traf die gebeutelte Bevölkerung in einem Moment totaler Verwundbarkeit. Es fehlen die Infrastruktur, das medizinische Personal und jedes Vertrauen in Hilfe durch den Staat. „Tief drinnen steckt in uns aber die Zuversicht von denen, die einen zerstörerischen Krieg überstanden haben, dass sie Überlebende bleiben, egal was passiert", betont Khaled Khalifa. Dazu habe sich etwas sehr Wesentliches verändert: „Die Pandemie gibt uns in Syrien einen Moment lang das Gefühl zurück, wieder zu dieser Welt zu gehören. Wir waren in allen den vom Sterben gezeichneten Kriegsjahren isoliert. Nun fühlen wir uns, so schlimm es auch ist, in unserer Angst wenigstens endlich zur Welt dazugehörig."

Grenzenlose Angst

Angst grassierte 2020 tatsächlich synchron rund um den Erdball. Die von dem neuen Corona-Virus SARS-CoV-2 ausgelöste Pandemie der Infektionskrankheit COVID-19 breitete sich ab Jänner von der chinesischen Stadt Wuhan aus rasant aus. Die Bilanz nach einem halben Pandemie-Jahr liest sich bereits verheerend. Die Infektion hatte da bereits weltweit 650.000 Menschen das Leben gekostet, 16 Millionen waren erkrankt. Eine Vollbremsung der Wirtschaft, Ausgangsbeschränkungen, „soziale Distanz", die Schließung von Schulen, Universitäten sowie die Einstellung so gut wie aller Veranstaltungen brachte nur eine kurze Atempause. „Das Schlimmste dürfte erst kommen", warnte Tedros Adhanom, Direktor der Weltgesundheitsorganisation Ende Juli 2020. Am schwersten betroffen waren zu diesem Zeitpunkt die USA. Pro Minute starb dort Ende Juli ein Mensch an COVID-19. 4,4 Millionen waren in dem Land erkrankt, bereits über 150.000 tot.

Das Ende der Pandemie war noch nicht in Sicht, aber das Leben, wie wir es kannten, war weltweit aus den Angeln gehoben und schien sich in einen dystopischen Horrorfilm ohne Ende zu verwandeln. Es gab keine Therapie, keine Impfung. „Diese Pandemie hat alle denkbaren schwer verkraftbaren Stressfaktoren der Menschen aktiviert", erklärt Anita DeLongis, Expertin für psychosoziale Folgen von Erkrankungen, das Ausmaß des Schocks.[31] Ein Drittel der Weltbevölkerung, 2,6 Milliarden Menschen, waren gleichzeitig im Lockdown. Keine Staatsbürgerschaft, kein hermetisch abgesicherter Grenzzaun bot Sicherheit. Premierminister, Spitzensportler, Hollywood-Stars, Flüchtlinge in ihren trostlosen Lagern waren von der Infektion betroffen. Die Ur-Angst eines ultimativen Kontrollverlusts war getriggert.

Als schwerste Krise der Menschheit in der Moderne stuften Fachleute des Weltwirtschaftsforums die Seuche ein. Die tiefste Rezession seit den 1920er Jahren drohte. Österreichs Volkswirtschaft brach im zweiten Quartal 2020 um 12,8 Prozent ein, die Deutschlands um ein Zehntel. Historisch ist der Absturz der US-Konjunktur um 32,8 Prozent. Ein katastrophaler Dominoeffekt der Armut geriet in Gang. Die Hilfsorganisation Oxfam warnte, dass eine halbe Milliarde Menschen zusätzlich in Not und Elend geraten werden: eine Hungersnot in Syrien und dem Jemen drohte. Die Not kannte aber wie die Krise keine Grenzen. Ende Juli 2020 gaben 30 Millionen US-Amerikaner zu, nicht genug Geld für ausreichend Essen zu haben.

Meine beiden Welten, die ich hier zuerst als fein säuberlich getrennt in das „sichere" Europa und die unberechenbaren Krisengebiete beschrieb, berührten sich plötzlich. Eine Virus-Pandemie sei nicht das Gleiche wie ein Krieg, schränkt Thanassis Cambanis, der jahrelang als Reporter in Bagdad gearbeitet hat, natürlich zu Recht ein, aber er ergänzt: „Doch so wie ich jetzt in New York unter den Einschränkungen der Pandemie versuche, meine Normalität aufrechtzuerhalten, erinnert es mich an die Zeit im Irak, als es angesichts der Gewalt kaum möglich war, mein Hotel zu verlassen."[32] Es waren Erfahrungen, die Menschen wie er und ich in Konfliktregionen gemacht hatten, die nun plötzlich Teil des Alltags der Menschen in Europa oder den USA waren. Nach draußen zu gehen verlor an Leichtigkeit, war in eine unkalkulierbare Gefahr, in einen Risikofaktor verwandelt worden. Die Sicherheit erodiert. Wenig Halt bleibt. Stress, der nicht auszuhalten ist, weil sich – so wie im Abschnitt zuvor erläutert – für das so furchterregende Ereignis – in diesem Fall die Pandemie – keine schnelle Lösung abzeichnet.

Seit zwei Jahrzehnten habe ich mit Menschen zu tun, die einen Sturz ins Nichts zu verkraften hatten. An manche denke ich jahrelang, wie an einen zwölfjährigen, sehr stillen Buben aus Aleppo. An der Wand hinter meinem Schreibtisch hängt sein Foto. Er trägt ein blau-weiß gestreiftes, aufmerksam gebügeltes Hemd. In die Kamera hält er ein Bild, das er akribisch genau für mich gezeichnet hat. Es zeigt das zerstörte Haus seiner Familie, Palmen, Hubschrauber, Kampfjets am Himmel. Als ich ihn in einem Flüchtlingslager an der syrisch-türkischen Grenze traf, war seine Familie eben angekommen. Was sie besessen hatten, steckte in der am Vortag ausgebombten Wohnung. Der Bub stand erstarrt inmitten anderer Kinder, die in zerschlissener Kleidung barfuß durch Schlamm und Pfützen liefen. „So wie die wird mein Sohn auch bald aussehen", sagte die Mutter. „Sein Leben ist vorbei."

Acht Millionen syrische Kinder sind mit Stand 2020 auf der Flucht oder vertrieben, zwei Millionen gehen seit Jahren nicht zur Schule.[33] In dem Krieg wurden 385 Schulen angegriffen, zum Teil auch während der Unterricht lief. 4,8 Millionen Kinder sind in den Krieg hineingeboren, 38.000 darin umgekommen. Die überlebenden Kinder sind verstört, schrecken bei Explosionen nicht zusammen, spielen seelenruhig weiter, scheinen keine Angst bei Lebensgefahr zu fühlen. Sie waren nicht in der Lage, die chronische Bedrohung, die laufende Konfrontation mit Tod und Krieg zu verarbeiten. Mindestens ein Fünftel ist laut UNICEF-Daten psychisch krank. Um ihre Leiden in eine Diagnose zu fassen, wurde von Ärzten der Begriff „Menschliches Vernichtungssyndrom" gewählt, da der Befund der posttraumatischen Belastungsstörung dem Ausmaß der seelischen Not nicht gerecht werde.[34]

In diesem Zustand bleibt die abgrundtiefe Angst wie schockgefroren in der Seele. Die Entwicklung stockt, neue Erfahrungen können kaum integriert werden. Die Energie der Überlebenden wird von dem Kraftakt aufgesogen, das innere Chaos unter Kontrolle zu behalten. Sprachlosigkeit, die Unfähigkeit zu trauern, das Erlebte aufzuarbeiten – all das verhindert, sich aus der Geiselhaft der chronischen Todesangst zu lösen.[35] Angesichts dessen ist schwer vorstellbar, wie ein Friedensabkommen für Syrien – das ohnehin schwierig genug zu finden sein wird – Stabilität für das schwer erschütterte Volk bieten kann. Sämtliche Erfahrungen der nachkommenden Generation sind auf Krieg ausgerichtet. Die besonders in den ersten Lebensjahren so hohe Plastizität des Gehirns polt Seelen auf das Überleben im Krieg, nicht die Entwicklung zu freien, tatkräftigen Menschen. Dazu zeigt die noch sehr junge Forschungsrichtung der Epigenetik, dass traumatische Erfahrungen Erbanlagen verändern, der Stress unbewältigbarer Angst an bis zu drei Generationen weitergegeben wird.[36]

Trotz all dieser sehr bekannten und alarmierenden Fakten blieb ein Aufschrei der Empörung aus. Die Arbeiten des Psychologen Paul Slovic, Pionier der Empathie-Forschung, geben ein wenig Hoffnung, dass nun eine Änderung möglich ist: „Wir alle tun unser Möglichstes, um eine einzige Person zu retten, aber eine große Zahl Gefährdeter bewegt uns kaum", lautet sein Fazit.[37] Storys, nicht Statistiken würden zum Handeln motivieren. Und exakt das hat sich verändert. Nun kann jeder und jede eine eigene Geschichte der Angst mitteilen.

Schulen als einziger Rest von Normalität, als rettender Anker fehlen den Kindern in Syrien, wie in allen Kriegsgebieten, massiv. Diese Krisenerfahrung teilen in der Ära der Corona-Epidemie viele. Weltweit wurde in 186 Ländern der Unterricht phasenweise ausgesetzt, um schwer kontrollierbare Ausbrüche von COVID-19-Fällen zu stoppen. Die wissenschaftlichen Grundlagen, dafür, dass diese Maßnahme dabei hilft, die Sterblichkeit der

Bevölkerung zu reduzieren, auch wenn Kinder deutlich seltener an dem Infekt erkranken, festigen sich.[38]

Doch es gibt auch zahlreiche neue Forschungsergebnisse, die zeigen, wie fatal sich dies auf die mentale Gesundheit der Kinder auswirkt, wenn just in dieser Krisenzeit die Regelmäßigkeit von Unterricht, der Kontakt zu anderen fehlt. Die Überforderung von Eltern, die neben Home-Office auch das Home-Schooling schaffen mussten und müssen, war ein Grund, warum diese Maßnahme für viel Zorn in der Bevölkerung sorgte. Doch die Wut war auch Ausdruck der Angst um Kinder, die überproportional von den Folgen der Pandemie-Bekämpfung betroffen waren. Die inflationär oft zitierte Chance in der Krise liegt unter anderem darin, dass auch von Schulbildung ausgeschlossene Kinder in anderen Regionen nun eine lautstarke Lobby auf ihrer Seite haben. Vielleicht.

Sorgengesellschaft im Schock

Empathie ohne Grenzen wäre neu, wie die kritische Bestandsaufnahme des Politikwissenschaftlers Helmut Däuble einem schonungslos vor Augen führt: „Manchmal reiben wir uns die Augen und versuchen, die Welt da draußen, die schlimme, wahrzunehmen. Aber es fällt schwer. Weil das Draußen immer draußen blieb", schreibt er im Frühling 2020.[39] „Seit Jahrzehnten sitzen wir vor immer größeren Flachbildschirmen, schauen auf Kriege, Flüchtlingscamps, einstürzende Dämme, die

Tausende im Schlamm verrecken lassen. Aber sehen wir es wirklich? Wir sind die, die immer davon ausgehen konnten, dass die wahren Katastrophen die der anderen sind. Ebola hier, Fassbomben da, Genozide dort." Doch die Ignoranz habe nicht nur Tragödien wie jene Syriens ausgeblendet, wenn wir ahnten, „dass es nie gut war und dass unsere Ego-Gesellschaft im Inneren eine nach unten tretende, immer brutaler werdende ist und dass wir nach außen schon immer die Welt ausgelutscht und den Kern achtlos ausgespuckt haben, sei's drum. Hat uns doch nicht getroffen. Nur die anderen." Doch nun sei die Krise da. Im Wohnzimmer, im Büro, im Zug. Überall laure die Gefahr. Zufall und Chaos regieren.

Denn dort, wo die Zahl der COVID-19-Fälle außer Kontrolle geriet, scheiterte das System. Der Schock des Kontrollverlustes saß tief, vermittelt von Szenen, die eben noch unmöglich schienen. Krankenhäuser im wohlhabenden Norden Italiens, die so überlastetet waren, dass Patienten nicht mehr betreut werden konnten. Weinende Ärzte in Video-Telefonaten. Gräberreihen in Parks, verlassene Altersheime in Madrid, wo die Pflegebedürftigen beim Sterben allein gelassen wurden. Medizinisches Personal in New York, das sich aus Müllsäcken Schutzkleidung bastelte, Hilfsorganisationen, die mit Feldlazaretten vor Spitälern der Supermacht USA aushelfen mussten. Militär-Hubschrauber, die in Frankreich Patienten aus heillos überforderten Spitälern evakuierten.

Das kaputtgesparte englische Gesundheitssystem geriet an den Rand des Kollapses. Großbritanniens Premierminister Boris Johnson schüttelte so lange weiter Hände und verteidigte sein Konzept der „Herdenimmunität" durch die unkontrollierbare Verbreitung des Virus, bis er selbst erkrankte, bevor dann viel zu spät mit drastischen Maßnahmen die exponentiell steigenden Infektionsraten gebremst werden konnten. In Großbritannien infizierten sich im ersten Halbjahr der Pandemie 300.000 Menschen, 46.000 starben. Rasches Krisenmanagement hingegen führte vor allem zu einer niedrigeren Sterblichkeit. So verzeichnete Deutschland im selben Zeitraum 200.000 Fälle und 9.000 Tote. Hier wurde relativ rasch mit einem Lockdown reagiert.

Ähnlich das Verhältnis in Österreich, wo auf knapp 21.000 bestätigte Infektionen mit dem Corona-Virus 712 Todesfälle kamen. Mitte März wurden hier strikte Ausgangsregeln beschlossen, der Kontakt zu Menschen, die nicht zum Haushalt zählten, nur mit Abstand erlaubt. Mit Ausnahme von Supermärkten wurden Geschäfte, Schulen, Unis, Kinos und Theater geschlossen sowie eine Maskenpflicht erlassen. Eine Simulationsstudie der TU Wien zeigte, dass ein Zuwarten um nur eine Woche zu einer Vervierfachung der Fälle geführt hätte und das Spital-System am Rand des Kollapses gestanden wäre.[40]

Besonders dramatisch traf es Brasilien mit Millionen von Fällen. Der Präsident des Landes, Jair Bolsonaro, zählte zu den Staatschefs, die besonders hartnäckig die Gefährlichkeit des Virus bestritten. Selbst als er positiv auf das Virus getestet wurde, posierte er unbekümmert für ein fröhliches „Guten Morgen"-Posting via Twitter in Jeans, mit erhobenen Daumen und auf eine Schachtel des Medikaments Hydroxychloroquin deutend. Ein Malaria-Medikament, dessen Wirkungslosigkeit gegen COVID-19 als erwiesen gilt, aber von US-Präsident Donald Trump massiv propagiert wird. Dieser wiederum empfahl auch, Desinfektionsmittel zu trinken oder zu injizieren und bediente das Vorurteil, COVID-19 sei „so ungefährlich wie die Grippe". – Ein fataler Irrtum.

Die Masken der Ängstlichen

An einer Infektion mit SARS-CoV-2 sterben im Schnitt zirka 0,6 Prozent aller Infizierten. Das klingt niedrig, doch es ist eine theoretische Berechnung. Besonders hoch, bei zirka 6,5 Prozent, liegt die Sterblichkeit bei über 65-Jährigen, die häufiger schwer erkranken. Dazu kommt, dass die Qualität der Betreuung, die Verfügbarkeit von Krankenhausbetten mitentscheidet, wie viele den Infekt überleben. Sicher ist: Das Virus ist damit um das Mehrfache tödlicher als die Influenza, an der zwischen 0,1 und 0,2 Prozent der Infizierten sterben. Gefährlich macht SARS-CoV-2, dass es sehr ansteckend ist. Zudem erkranken 40 Prozent der Virusträger nicht, aber andere können von diesen asymptomatischen Infizierten angesteckt werden.[41] Dass dies zu spät in seiner Tragweite entdeckt worden war, führte maßgeblich zu der ersten schweren Pandemie-Welle in Europa.[42]

Rätselhaft ist auch die Krankheit COVID-19. Circa fünf Prozent aller Erkrankungen nehmen einen kritischen lebensbedrohlichen, 14 Prozent einen schweren Verlauf.[43] Vorerkrankungen wie Diabetes, Herzprobleme und schweres Übergewicht erhöhen das Risiko, doch auch die Menge des Virus, die der Organismus bei der Ansteckung abbekommt, dürften die Schwere der Erkrankung bestimmen. Ursprünglich als „Lungenkrankheit" klassifiziert, entpuppte sie sich als schwer zu bezähmendes Chamäleon. Schwererkrankte haben das Gefühl zu ertrinken, Thrombosen bilden sich, sorgen für Herzinfarkte und Schlaganfälle. Viele, die intensivmedizinisch betreut werden mussten, werden ein Leben lang an schweren Organschäden leiden. Etwa ein Drittel aller Erkrankten – auch jene, die nicht ins Krankenhaus mussten – bleibt über Wochen und Monate geschwächt; Komplikationen, die auch bei jungen Patienten beobachtet wurden.[44]

Bedrohungen wie der Erreger SARS-CoV-2 haben eine Sonderstellung in unserem Angstrepertoire. Er kann tödlich sein, und das Sterben ist grauenhaft. Das Virus ist unberechenbar, doppelt unsichtbar, denn just die scheinbar gesunden Virenträger – so genannte Superspreader – können Dutzende anstecken. Gleich mehrfach triggert dies die Angstzentren. Infekte zählen zu Gefahrenmustern, die tief in den archaischen Zentren des Gehirns gespeichert sind. Über Jahrtausende waren solche Krankheiten die größte Bedrohung, da sie auch bei leichten Erkrankungen zu Müdigkeit und Kraftlosigkeit führen und so Gefahren schwerer zu bewältigen sind. Dies führt dazu, dass wir panisch auf das Risiko von Infekten reagieren. „Unser Immunsystem ist bei diesem Trigger auf Nummer sicher programmiert", sagt die dänische Politikwissenschaftlerin Lene Aarøe. „Die Reaktionen auf eine Gefahr sind oft unverhältnismäßig. Sie haben sogar Einfluss darauf, wie wir uns politisch verhalten, wir werfen ethische Prinzipien über den Haufen und können nicht mehr zwischen relevanten und irrelevanten Informationen unterscheiden."[45]

Die oben schon sehr ausführlich porträtierte Hirnregion der Amygdala spielt dabei eine große Rolle. Hier wird Neues und Angstmachendes verarbeitet. Dies führt dazu, dass bestimmte Gefahren als bedrohlicher wahrgenommen werden als andere. Die Kombination aus „neu" und „Krankheitserreger" aktiviert geradezu einen Angststurm. Das Muster gilt in vielen Fällen. Je alltäglicher die das Risiko, desto weniger fürchten wir es. In Österreich sterben – laut Daten der Statistik Austria – zwei von drei Menschen an Krebs und Herz-Kreislauf-Erkrankungen. In den Trends der Suchmaschine Google zum Thema Todesursache rangieren sie nur an 18. Stelle. Dafür finden sich Mord und Terror auf den vordersten Plätzen. Eine Rolle spielen natürlich kulturelle Faktoren wie die Medienberichterstattung; ebenso das Gefühl, etwas nicht kontrollieren zu können, noch dazu dynamisiert vom Eindruck, dass auch die Regierung an ihre Grenzen stößt, diese Gefahr einzudämmen.[46]

Eine anfangs zu zaghafte Reaktion der Internationalen Gemeinschaft auf die Ausbreitung des Virus; der Versuch Chinas, das Gefahrenpotenzial zu verschleiern. Mangelnde Kooperation innerhalb der EU, die dazu führte, dass Engpässe bei dringend benötigter Schutzausrüstung entstanden; irrlichternde Staatschefs wie Donald Trump, der Wissenschaftler in seinem Expertenteam verhöhnte. All das bereitete den Boden für eine zweite Pandemie auf: Die „Infodemie“, wie sie von der Weltgesundheitsorganisation bezeichnet und auch als „großes Krankheitsrisiko“ eingestuft wird. Sie wird benannt als „eine Flut von Information, in der Falsches und Wahres verschwimmt.“[47] Sie müsse deshalb genauso wie das Virus bekämpft werden. „Es grassiert ein wachsendes Misstrauen gegenüber der Wissenschaft und Experten, verwirrende Strategien mancher Regierungschefs in Kombination mit der wachsenden

Gewohnheit, Nachrichten nur noch über soziale Medien zu beziehen, machen die Infodemie zum gravierenden Gesundheitsrisiko", warnt das medizinische Fachjournal *The Lancet*. „Falschmeldungen werden von politisch bestens organisierten Gruppen und der Pseudowissenschaft gezielt und höchst effizient verbreitet. Zeiten der Angst werden von Rechtspopulisten, Klimaleugnern, Impfgegnern gezielt für ihre Ziele genutzt."

Eine Allianz solcher Kreise mit Verschwörungstheoretikern rief in Österreich und in Deutschland zu Kundgebungen auf. Als „Ende der Pandemie und Tag der Freiheit" wurde eine Demonstration in Berlin Anfang August 2020 tituliert. Man dürfte sich nicht länger fremdbestimmen lassen von den „gleichgeschalteten Medien" und der Regierung, „die uns eine Schlinge um den Hals legt", erklärten die Veranstalter. 20.000 Menschen kamen - ohne Masken. Eine schon lang schwelende Wissenschafts-Skepsis manifestierte sich. Das Statement „Bill Gates will die Menschheit zwangsimpfen, um damit viel Geld zu machen" wurde von 39 Prozent der Österreicher in einer Umfrage als „nicht falsch" eingeschätzt.[48]

Die rigiden Einschränkungen der Freiheitsgrade lösten Skepsis und Unbehagen aus. Hoch komplexe Fragen standen im Raum. Etwa: Wie viel Angst dürfen politisch Verantwortliche machen, um die Bevölkerung zum Einhalten schwieriger Vorschriften zu bewegen? Wie

weit darf der Staat ins Private eingreifen? Von Pande-
mie-Leugnern wurden bequeme schnelle Antworten
geliefert: Nichts von alledem ist ok, sondern Teil einer
Verschwörung von machthungrigen Angstmachern,
gegen die man sich wehren muss. Die Corona-Pandemie wurde so zu einem Härtetest für die Demokratie,
die Durchsetzungsfähigkeit von überprüfbarem Wissen, das Fachleute erarbeiten, gegenüber brisanten
Verschwörungstheorien.

Unterdessen tasteten sich Regierungen entlang eines
sehr schmalen Grats zwischen Bevormundung und Für-
sorge durch das Krisenmanagement. Unter Zeitdruck
wurde verfassungsrechtliches Neuland erobert. Wurde
zu spät auf einzelne Epidemie-Cluster reagiert, wurden
Ansteckungs-Ketten nicht gestoppt, hagelte es Kritik.
Wenn strikte Maßnahmen den Schulunterricht stopp-
ten, die Wirtschaft abwürgten, aber die Krankheits-
zahlen niedrig blieben, lautete die Kritik, Angstmache
zu betreiben und überzureagieren. – „Präventionspa-
radoxon" nennt sich dieses Phänomen. Was wahr war,
schien sich laufend zu verändern, da man täglich mehr
über den Erreger wusste: Doch gerade diese fehlende
Sicherheit machte Angst, die auf sehr vielen Ebenen frei
zu flottieren begann.

Die Weltgesundheitsorganisation WHO meldete sich
dazu mit einer deutlichen Warnung zu Wort: „Die Iso-
lation, die Angst, die Ungewissheit und die wirtschaft-

lichen Schwierigkeiten können zu einer dramatischen Zunahme von psychischen Problemen führen; vor allem bei Kindern, Jugendlichen und Menschen, die in Gesundheitsberufen arbeiten", sagte Devora Kestl, die WHO-Direktorin für psychosoziale Gesundheit, anlässlich der Präsentation einer weltweiten Studie[49]. In China stiegen Angstgefühle um ein Drittel, in den USA um 45 Prozent und im besonders stark betroffenen Iran um 60 Prozent. Auch in Österreich zeigt sich dieser Trend: Depressionen, Angst und Schlaflosigkeit nahmen drastisch zu, wie eine von der Donau-Universität Krems durchgeführte Studie zeigte.[50]

Wie heftig sich Stress-Faktoren niederschlagen, zeigt besonders eindrucksvoll eine Studie, die zwei Spitäler im US-amerikanischen Ohio durchgeführt haben. Hier wurde eine signifikante Zunahme des sogenannten Broken-Heart-Syndroms festgestellt. Diese mitunter lebensbedrohliche Funktionsstörung des Herzmuskels ist eine akute Schwächung des Herzmuskels und wird von psychischem Stress ausgelöst. Betroffen waren nur Menschen, die nicht mit dem Corona-Virus infiziert waren. „Die Angst vor Ansteckung und einem nicht heilbaren Krankheitsverlauf fungiert wie die Angst vor dem Tod im Naturzustand", so Lucas von Ramin, Philosoph an der TU Dresden.[51] „Die frei flottierende Panik, die zu beobachten war, scheint andere Wurzeln zu haben. Es ist die konkrete Angst vor fehlender medizinischer Versorgung, sozialer Einsamkeit, finanziellem Ruin oder dem Verlust geliebter Menschen. Im Gegensatz zu der Angst vor dem Virus lässt sich dagegen tatsächlich vorgehen. Unterfinanzierte Gesundheitssysteme, fehlende soziale Absicherung, ungleiche Verteilung von Vermögen und Risiken sind keine Bedrohung aus dem Nichts."

Keine Luft mehr bekommen

Als der Afroamerikaner George Floyd am 25. Mai 2020 starb, weil sich ein Polizist auf ihn kniete, löste sein Tod eine Revolution aus. In dem Video, das zeigt, wie er qualvoll erstickte, sind seine Worte „Ich kann nicht atmen" zu hören. Dieser Satz wurde zum Leitmotiv der historischen Bewegung Black Lives Matter. Keine Luft mehr zu bekommen: das charakterisiert auch Panik-Attacken, die zu Angststörungen zählen. Es ist ein Bild, das für die Überforderung vom Alltag gebraucht wird. Frei atmen zu können ist Leitgefühl einer Gesellschaft, in der Angst nicht instrumentalisiert wird. Und zu ersticken war auch das Leitsymptom von COVID-19. „Die Pandemie und die Protestbewegung sind eindeutig miteinander verknüpft", bekräftigt der Journalist Kyle Whitmire.[52] In den USA zeigte sich, dass sich Afroamerikaner und Latinos dreimal häufiger mit dem Virus infizierten als Weiße und doppelt so häufig an COVID-19 starben. Ein wesentlicher Grund dafür sind ihre Jobs und Wohnungen: 43 Prozent des Service-Personals in der Gastronomie und Jobs in Industrie und Handel werden von diesen beiden ethnischen Gruppen gestellt.[53]

Zielsicher entlarvte die Pandemie die Sollbruchstellen unserer Welt. Nicht nur in den USA. Die Hälfte aller COVID-19-Toten in der ersten Phase der Epidemie waren alte Menschen, die in Pflegeheimen untergebracht waren, wie eine Analyse der Daten von 26 Ländern zeigte.[54] In Österreich war es ein Drittel. Strikte Einschränkungen der Bewegungsfreiheit in diesen Heimen und Besuchsverbote, um die Ausbreitungen weiterer Infektionen zu bremsen, führten zu schmerzhafter Vereinsamung von Bewohnern und Bewohnerinnen. Dazu zeigte der Einreisestopp, dass die Betreuung von Alten ohne die Zehntausenden Billig-Pflegekräfte, vor allem aus Rumänien und der Slowakei, nicht zu schaffen ist. Unmissverständlich wurde klar, dass die Pflege der Schwächsten nie gelöst, sondern an sozial Schwächere im Ausland ausgelagert wurde. Als gesamtgesellschaftliches Problem war es verdrängt worden.

Ins Scheinwerferlicht gerieten auch die verheerenden Arbeits- und Lebensbedingungen in Billig-Lohn-Branchen wie der fleischverarbeitenden Industrie und von Saison-Arbeitskräften in der Landwirtschaft, wo sich das Virus rasant verbreitete. „Die Covid-19-Krise verändert nicht die Welt, sondern sie zeigt uns, wie die Welt sich verändert hat," fasst es der Philosoph Ivan

Krastev prägnant zusammen.[55] Die vermeintlich gegen alle Widrigkeiten gerüsteten, rundum versicherten First-Class-Passagiere des Planeten Erde entdeckten, dass sie exakt so verwundbar sein könnten, wie sie es insgeheim befürchtet hatten.

Der deutsche Soziologe Heinz Bude hat 2014 in seinem sehr klugen Buch *Die Gesellschaft der Angst* ebendiese unter die Lupe genommen. „Studien belegen", sagte er, „dass die subjektiven Angstgefühle seit rund fünfzehn Jahren kontinuierlich ansteigen." Vor allem die Mittelschicht fürchte angesichts von Optimierungszwang um Sicherheit und Status, so seine Grundthese.[56] Zu Beginn des Krisenjahres 2020 präsentierte die Beratungsagentur Edelmann beim Weltwirtschaftsforum in Davos ihre „Trust Barometers", die das Sorgen-Klima in Daten übersetzen. Die Werte wurden zwar nur für Deutschland erhoben, doch der Trend gilt für ganz Europa. Drei Viertel hatten bereits vor der Corona-Krise Angst, den Job zu verlieren. Befürchtet wurde, dass mit der zunehmenden Automatisierung Arbeitsplätze wegfielen. Eine Umfrage des Vienna Center for Electoral Research zeigte 2020[57] eine in Österreich besonders hoch kursierende Technologie-Skepsis. Bemerkenswert ist dabei, dass dreißig Prozent der Befragten, die angeben, bei den Nationalratswahlen 2019 die FPÖ gewählt zu haben, der Aussage, Roboter und KI nehmen Menschen Arbeit weg, „sehr" zustimmen – der höchste Wert unter allen Parteien.

Die Pandemie hat die Zeit in zwei Hälften geteilt. In jene, als Ängste von einer bangen, wenn auch vagen Befürchtung geschürt wurden, dass es so nicht weitergehen kann und wird. Und in die andere Ära, als die Krise plötzlich manifest war. Mit einem Mal waren in Österreich auf dem Höhepunkt der ersten Pandemie-Welle 1,37 Millionen Menschen in Kurzarbeit, 600.000 Menschen arbeitslos, in Deutschland waren 2,8 Millionen ohne Job, um über 600.000 mehr als vor einem Jahr, in den USA waren es sogar 18 Millionen – dreimal so viele wie vor einem Jahr.

In manchen Sparten wirkte das Virus wie ein Brandbeschleuniger, etwa im Einzelhandel, der aufgrund des Online-Shopping-Booms schon längst in arger Bedrängnis war. Eine Reihe von Jobs wird für immer verloren sein. Die Krise verstärkt teilweise somit einen mit Sorge erwarteten Strukturwandel. Die Folgen der Pandemie könnten so in eine Transformationsrezession münden. Wie die Welt danach aussehen wird, kann niemand sagen. Sicher ist nur: anders als vorher.[58]

„Das Jahresendgefühl 2019 ist nicht wohlig, sondern bang. Es ist das Gefühl diffuser existenzieller Unsicherheit", schrieb Heribert Prantl in der *Süddeutschen Zeitung* kurz vor Beginn der Pandemie: „An den Polen wird das Eis immer dünner. In Polen und Ungarn wird der Rechtsstaat immer dünner. In den USA regiert ein Präsident, der alles leugnet, was ihm nicht passt. Populistische Extremisten packen die alten Wahnideen wieder aus; sie suchen das Heil wieder dort, wo einst das Unheil begonnen hat; sie preisen den Nationalismus als Heilslehre. Der Brexit schafft gewaltiges Unbehagen: Wie geht es mit Europa weiter? Es herrscht Bangen, wie das alles weitergeht. Es ist bitter, wenn das schöne Wort Zukunft vom Frohwort zum Drohwort wird."[59]

Angst resultiert, wie gesagt, aus den Geschichten, die wir uns erzählen. Corona machte die schlimmsten darunter von einer Sekunde auf die andere wahr. Und doch endet hier nicht die Geschichte. „Die Pandemie ist lediglich eine Feuerübung für die viel größere globale Katastrophe der Klimakrise", sagt Lise Kingo, Direktorin von UN Global Compact. „Das Problem, vor dem wir stehen, und das sich auch in den großen Protesten gegen Rassismus und Ungleichheit manifestiert, ist, dass wir weder sozial noch ökologisch nachhaltig leben und produzieren. COVID-19, die Black Lives Matter-Bewegung und die dramatische Erwärmung der Erde sind Probleme, die eng miteinander verbunden sind."

Auf Leben und Tod

Angst als Motor für Zerstörungswut und zum Retten der Welt. Als Ansporn zu Perfektionismus und dafür, die eigene Endlichkeit zu akzeptieren. Und warum wir etwas mehr Trost gut gebrauchen könnten.

Im Winter 2016 vereinbarte die 37-jährige New Yorkerin Sarah Fader mit einer Freundin, sie im Frühling am Land zu besuchen. Als der Termin näher rückte, schickte sie ihr eine Nachricht, die aber einige Stunden lang unbeantwortet blieb. Sarah Fader wurde unruhig, nervös. Statt sich aber wie sonst tief in ihre Angst fallen zu lassen, schrieb sie auf Twitter eine knappe Statusnachricht. „Ich habe von meiner Freundin seit einem halben Tag keine Antwort auf meine Nachricht erhalten. Jetzt bin ich völlig überzeugt davon, dass sie nichts mehr mit mir zu tun haben will." Danach folgte der Hashtag *#This-IsWhatAnxietyFeelsLike*. So fühlt sich Ängstlichkeit an.

Dieser Schneeball setzte eine Lawine in Gang. Zehntausende reagierten auf den Tweet. Und auch die Reaktionen darauf wurden geteilt und wieder geteilt. Ein Beitrag lautete beispielsweise: „Wenn ich mich versehentlich einmal seltsam dir gegenüber verhalten habe, dann kannst du dir sicher sein, dass ich die nächsten fünfzig Jahre jede einzelne Nacht darüber grübeln werde." – Eine andere Frau schrieb: „Ich liebe meinen Job und mache fast nie Fehler, aber ich bin überzeugt, gekündigt zu werden, weil ich inkompetent bin." - Mit einem Mal machte eine schnell formulierte Statusmeldung sichtbar, wie viel Angst kursiert.

„Wer 2017 ein menschliches Wesen ist und nicht an einer Angststörung leidet, scheint nicht normal zu sein", kommentierte Sarah Fader später diese Reaktionen dann in einem vielbeachteten Zeitungsartikel: *Prozac Nation Is Now the United States of Xanax*.[60] Xanax ist ein Beruhigungsmittel, das zur Behandlung von Angstzuständen eingesetzt wird. Dessen Bedeutung soll nun jene des legendären Medikaments Prozac abgelöst haben, das bei Depressionen verschrieben wird. In den 1990er Jahren hatte es Kult-Status, Prozac wurde Teil der Pop-Kultur, Ausdruck des depressiven Grundgefühls, das anscheinend nun von der Angst abgelöst wurde.

Fachleute werden diese Unterscheidungen nicht gelten lassen, denn in Prozac enthaltene Substanzen wirken auch bei Angst-Erkrankungen. Die metaphorische Zuspitzung sei dem Journalisten Alex Williams aber nachgesehen. „Angstgefühle sind Symptom unseres schnell pochenden Pulses geworden; überall machen sie sich breit, nicht nur auf Twitter, dem Ur-Medium der ständig besorgten Aufgeregtheit", schrieb er. Damals war Donald Trump gerade ein Jahr im Amt, doch Williams war bereits klar, wie eng der Präsident und das Problem miteinander verknüpft sind. „Wenn Angst unsere Grundmelodie ist, dann ist Trump unser passender Maestro."

Der Wandel in Amerikas Gesellschaft steht also im engen Zusammenhang mit dem Wechsel im Weißen Haus. Barack Obama, der mit der Mobilisierung von Hoffnung die Wahlen gewinnen konnte, machte 2017 Platz für seinen Nachfolger, den eine gezielte Strategie der Angstmache in diese Position hieven konnte, den USA eine politische Panikattacke beschwerte und ein Land in Aufruhr versetzte. 2020 lag der Wert von erhöhter Ängstlichkeit und Depression bei einem unfassbaren Drittel der Bevölkerung – doppelt so hoch wie 2014, zeigten Studien des Census Bureau im US-Wirtschaftsministerium.[61] Es ist eine Henne-und-Ei-Frage: Waren die Amerikaner so ängstlich geworden, dass sie einen Politiker wie Trump herbeiwählten, oder hatte er sie verrückt gemacht? Es mag beides wahr sein und so die gefährliche Dynamik illustrieren, die nicht nur in den USA, sondern global spürbar ist. Angst als eiskalte Strategie von Rechtspopulisten hat freilich nicht erst mit Trumps polternden „America First"-Parolen oder der xenophoben Rhetorik um den Mauerbau zur Abwehr „feindlicher" Migranten begonnen. Das Konzept der Politik durch das Schüren von Angst ist ein Muster rechtspopulistischer Politik und Parteien. „Sie bieten scheinbar einfache Antworten auf alle Ängste und Herausforderungen, beispielsweise durch die Konstruktion von Sündenböcken und Feinden, von ‚Anderen', die an unserem Leid schuld sind", schreibt die Linguistin Ruth Wodak, Koryphäe der Forschung über Demagogen und Demagoginnen sowie derren Methoden.[62]

Als Herrschafts- und Unterdrückungsinstrument wird und wurde Angst von allen autoritären und totalitären Systemen missbraucht. Die Welt wird eingeteilt in Schuldige, die es auszumerzen, und ein Volk, das es zu retten gilt. In ihrer extremen Form kann manipulierte Angst zu einer Massenvernichtungswaffe werden, wie die Zerstörungsgewalt des Nationalsozialismus bewies. „Das Dritte Reich war Angst", fasst es der britische Historiker Richard J. Evans[63] zusammen, der drei Forschungs-Bände der NS-Ideologie gewidmet hat: „Ein umfassendes Netz der Überwachung, des Terrors und der Strafverfolgung wurde in den dreißiger Jahren über die deutsche Gesellschaft geworfen." In letzter, verheerender Konsequenz folgte daraus die Ermordung von sechs Millionen Juden sowie einer halben Million Menschen anderer Ethnien wie Roma und Sinti, von Homosexuellen, Regimegegnern, der Ausbruch des Zweiten Weltkrieges.

Die Zwischenkriegszeit, deren Instabilität Nährboden dieser Ideologie war, zählt zu jenen Epochen, in denen Furcht, Besorgnis und Kontrollverlust die Menschen mit chronischen Dauersorgen zermürbten. Neu ist der Befund eines aktuellen „Zeitalters der Angst" schon allein deshalb nicht. Aber die Erfahrung des Holocaust gebietet höchste Achtsamkeit, wenn sich Indizien dafür mehren, dass die Tonalität der Angst die Grundstimmung einer Gesellschaft dominiert.

Wenn Angst die Welt verändert

„Von der Antike bis zur Aufklärung, im Dreißigjährigen Krieg, dem viktorianischen Zeitalter: So gut wie in jeder Epoche glaubte man, die ängstlichste Gesellschaft aller Zeiten zu sein", betont der Journalist Scott Stossel. Trotzdem sei unbestritten, räumt er ein, „dass die wachsende Ungleichheit, die Verwirrung über Identitäten, Rollenbilder, dazu natürlich die schon lange schlummernde Zukunftsangst sich derzeit massiv verdichtet." Stossel leidet selbst an einer schweren Angststörung und hat darüber einen Bestseller verfasst.[64] Darin gibt er einen präzisen Einblick in seinen Alltag, wie Panikattacken seinen Lebensweg pflasterten. Von der Einschulung bis zu seiner Hochzeit rang er schweißgebadet nach Luft. „Für uns, die an Angststörungen erkrankt sind, ist es ein Lichtstreifen am Horizont, dass dieses Gefühl nun so viele erfasst. Wir heißen unsere nicht-neurotischen Mitbürger deshalb sehr herzlich in unserer Panik-Welt willkommen", kommentiert er bitter die Lage.

1946 verfasste Autor W.H. Auden einen in barocken Versen verfassten Text unter dem Titel *Age of Anxiety*, „Das Zeitalter der Angst". Die Monologe der vier Protagonisten, traurige Gestalten, die in einer Bar in New York durch ihre melancholische Verstimmung taumeln, sind schwer lesbar. Doch der sperrige Text wurde mit dem Pulitzer-Preis prämiert. So wurde der Titel Inbegriff einer boomenden, aber angesichts der eben begonnenen Ära der atomaren Hochrüstung und des Kalten Krieges auch sehr bangen Welt. Gleich mehrere Zyklen der Angst in der deutschen Gesellschaft der Nachkriegszeit identifiziert der Historiker Frank Biess, der an der Universität von San Diego Geschichte lehrt.[65] Auch wenn seine Forschung die Geschichte der BRD im Fokus hat, sind Eckpfeiler seiner Analyse auf ganz Europa übertragbar. Den Anfang der Gesellschaft der Ängstlichen, wie sie heute spürbar ist, verortet er in der Revolution von 1968, die auch der Innenschau, Therapien und Selbstfindung zu Breitenwirksamkeit verhalf. „Diese neue empfindsame

Subjektivität war eine Voraussetzung für die Artikulation der Angst in der Friedensbewegung", so Biess.

Eine Ära nahm ihren Anfang, in der Menschen durch ihre Sorgen nicht in Furcht erstarrten, sondern sie zur Gestaltung von Gegenentwürfen anspornte. Ein wesentlicher Impuls war der 1972 erschienene Bericht des Club of Rome, *Die Grenzen des Wachstums*. Grimmige Bilder der Zukunft einer Gesellschaft, deren Reichtum auf Massenkonsum und der Vergeudung von Ressourcen basiert, wurden aufgezeigt. Der Kampf gegen die Verschmutzung von Gewässern durch Industrie, gegen das Waldsterben sowie in Österreich gegen Atomkraft wurde zum Fundament einer Öko-Bewegung. Mehr und mehr entstand daraus das Modell eines Lebensstils, der ein Gegenszenario zu der angstmachenden Zerstörung des Planeten entwarf.

Diese schien und scheint trotz Teilerfolgen dieser Bewegung nicht aufzuhalten. 1986, kurz nach der Reaktorkatastrophe von Tschernobyl, veröffentlichte der deutsche Soziologe Ulrich Beck seinen Bestseller *Risikogesellschaft*, der den Nerv der vom Super-GAU verschreckten Menschen traf. Beck beschreibt einen radikalen Bruch in der Moderne: Die Industriegesellschaft gefährde sich selbst, indem der Fortschritt bedrohliche Risiken produziere. Diese Risiken, für die niemand verantwortlich zu sein scheint, muss der Einzelne alleine ausbaden. Diesen Trend stoppte ein 16-jähriges Mädchen aus Schweden. Greta Thunberg nannte die Schuldigen beim Namen: Jene Generation, die derzeit in Politik und Wirtschaft die Weichen stellt, der eskalierenden Klima-Krise nur halbherzige, nicht ausreichende Maßnahmen entgegensetzt. Ihr einsamer Schulstreik, den sie Mitte August 2018 begann, war Initialzündung für die globale „Fridays for Future"-Bewegung. Millionen gingen auf die Straße. „Habt Angst, habt sehr viel Angst", mit diesen Worten begann Greta Thunberg ihre Rede vor dem Weltwirtschaftsforum in Davos im Jänner 2020. Ob sie nicht zu viel Angst schüre in einer Welt, in der die Krisenstimmung überhandnehme, fragten Kritiker.

Die Erde beantwortete dies im folgenden Sommer selbst. 29 Grad Celsius wurden Mitte Juli 2020 in Jakutsk, einst kälteste Stadt der Welt, gemessen, im Juni an anderen Orten Sibiriens bis zu 38 Grad Celsius. Es stand fest: Wenn sich nichts rasant ändert, wird das Level an Treibhausgasen in der Atmosphäre bis 2025 nicht eingebremst, dann wird zu diesem Zeitpunkt so viel CO_2 in der Atmosphäre sein wie zuletzt vor drei Millionen Jahren. Damals war es zwischen drei und vier Grad Celsius wärmer als jetzt; der Meeresspiegel lag um zwanzig Meter höher.

Krank vor Sorge

Nachrichten wie diese sorgen für ein Stresslevel, das viele kaum ertragen. Vor allem, weil diese News, wie

viele andere auch, uns laufend erreichen. Ein Impuls-
geber der chronischen Überbesorgtheit ist Überinfor-
miertheit, der Drang, ständig online zu sein. Der Alltag
findet in einem frei gewählten Überwachungsstatus des
zum Smartphone mutierten Telefons statt. Das misst
Pulsfrequenz, die Anzahl der Schritte, plant die Routen. Noch bevor ich so richtig wach bin, weiß ich, wo
am Flughafen in Bagdad Raketen eingeschlagen haben,
wie dünn die Eisschicht in der Arktis ist und dass mein
dienstverreister Partner um 00.55 Uhr noch aktiv auf
WhatsApp war, obwohl er um 22.15 behauptete, jetzt
schlafen zu gehen.

Durch die unentwegte Info-Flut werden unsere
Angstzentren chronisch übersteuert. Es grassiert
„FOMO" – Fear of Missing Out, also die Angst, ständig
etwas zu versäumen: eigentlich Sorgen, die so alt sind
wie die Menschheit. Nur gibt es die Gnade des zufälli-
gen Versäumens nicht mehr. Es ist möglich, alles zu tun,
zu wissen, zu können. Deshalb wird nicht nur demons-
triert, sondern verdrängt, weggeschoben, abgelenkt.
Zwischen Leben und Tod, zwischen diese Pole, die in
vielen milden Variationen auftauchen, stellt sich instinktiv die Angst und bietet Optionen an. Flucht, Kampf
oder sich gleich totstellen. Fühlt sich ein Problem überwältigend an, dann scheint Letzteres die ideale Wahl.
Ein Kreislauf entsteht, der von der Angst vor der Angst
getrieben wird.

Dabei kann es sich so anfühlen, als ob die Grenzen zwischen dem Drang, sich in Sorgenkreisläufe zu verstricken, und krankhaften Angststörungen verschwimmen. Die Symptome für diese klar definierten Krankheitsbilder reichen von obsessiver Besorgtheit bis zu Atemnot, Schweißausbrüchen, Herzklopfen, Muskelzittern, weichen Knien, Schwindel. Es ist eine komplizierte Grauzone. Wissenschaftlich betrachtet, werden Angst-Störungen klar von normaler Überängstlichkeit getrennt. In der Praxis jedoch sollte nur eine Faustregel gelten. Wenn jemand leidet, ist Hilfe von Fachleuten oberstes Gebot. Dazu kommt es auch häufig zu Fehldiagnosen, besonders bei Älteren. Herzerkrankungen, Lungenleiden und Bluthochdruck verstellen den Blick auf die psychische Störung.

Entscheidend ist: Krankhafte Ängste stehen in keinem realistischen Verhältnis zum Ausmaß der Bedrohung. Situationen werden krampfhaft vermieden, die sie triggern. Den Alltag dominieren verzweifelte Vermeidungs-Strategien bis hin zum völligen Rückzug. Die Daten variieren leicht, aber es ist davon auszugehen, dass jeder und jede Vierte irgendwann im Leben mit einem zur Krankheit ausgeuferten Angstzustand konfrontiert ist.[66] Diese Leiden sind somit die häufigste Form psychischer Störungen. Frauen, scheint es, leiden mehr darunter, doch hier sind durchaus Zweifel angebracht. Angstzustände von Männern können sich in Jähzorn oder Alkoholismus manifestieren und bleiben hinter dieser Maske oft unerkannt.[67] Bei allen jedoch wird die Krankheit meist spät, im Schnitt erst sieben Jahre nach den ersten Symptomen, diagnostiziert. Das mag daran liegen, dass sie auch Begleiterscheinung anderer Erkrankungen, wie der Depression, sind.

Erst in den 1980er Jahren wurden diese Diagnosen in das Internationale Klassifikationssystem (ICD-10) aufgenommen. Im Wesentlichen gibt es drei unterschiedliche Kategorien: erstens „gerichtete Ängste". Sie haben einen konkreten Auslöser, werden auch „Phobien" genannt. Dazu zählt die soziale Phobie, wenn der Umgang mit Anderen zu Angstzuständen führt. Die „Agoraphobie", Angst vor Situationen, wo keine schnelle Flucht möglich ist, in Menschenmengen, im Zug. Dazu gibt es „einfache Phobien", wie Angst vor Spinnen, Schlangen oder Flugangst. Ein anderes Krankheitsbild ergeben „ungerichtete Ängste": Die allgemeine Angststörung, die sich dadurch kennzeichnet, dass dieses Gefühl grundlos die Gedanken dominiert, sowie die „Panikstörung", charakterisiert durch Erstickungsanfälle oder das Gefühl einer akuten Existenzbedrohung. Betroffene meinen mitunter, einen lebensbedrohlichen Herzanfall zu haben. Panikattacken können als Symptom einer generalisierten Angststörung, Teil einer Phobie oder wie aus dem Nichts als eigenes Störungs-Syndrom auftreten. Wieder ein eigenes Krankheitsbild ist das „Posttraumatische Belastungssyndrom". Dabei wird ein einziger Moment oder eine längere Phase der existenziellen Bedrohung, einer tiefen Angst nicht verarbeitet.

Mit Ausnahme des Traumas lässt sich nicht der „eine" Grund festmachen, warum Angst zur Krankheit wird. Fest steht allerdings: Es gibt messbare Probleme bei der Regulation von Botenstoffen im Gehirn, deshalb wirken Medikamente, die dies beheben, gut. Dazu können bisweilen Veränderungen in Teilen des Gehirns einzelnen Störungsbildern zugeordnet werden. Bei ihrer Entstehung spielen das „Erlernen" von Ängsten und Krisen-Erfahrungen, vor allem in der Kindheit, wesentliche Rollen. Wie schon ausgeführt, ist unser Gehirn elastisch: Stärkende Erfahrungen verändern Nervenbahnen ebenso wie angstmachende. Im Extremfall – etwa bei Traumata – kann auch die Entwicklung des Gehirns beeinträchtigt werden.

Sicher ist aber, dass erbliche Anlagen bei dieser Form von psychischen Leiden sehr maßgeblich sind; in etwa zu 40 Prozent. Hunderte Gene wurden als Risiko-Faktoren für diese Störungen bereits identifiziert. Einen faszinierenden Aspekt, wie das Zusammenspiel von Lebenserfahrung und Anlage abläuft, hat Katharina Domschke, Direktorin der Klinik für Psychiatrie und Psychotherapie in Freiburg, erforscht: „Die Angst-Gene ruhen, sie haben eine Art chemische Schlafmütze aufgesetzt, die sie schützt. Diese Mützen können aber abrutschen, bei Mobbing, Trennungen oder Todesfällen."[68] Sogar schöne Ereignisse wie eine Hochzeit, die Geburt eines Kindes oder die Beförderung, die tief in der Seele als belastend empfunden werden, könnten die Gene binnen weniger Stunden wachrütteln, vermutlich durch Stresshormone, die den Organismus fluten, so Domschke. Sie und ihr Team haben aber auch herausgefunden, dass bei Patienten mit einer Panikstörung nach sechs Wochen Psychotherapie die Angst-Gene wieder „methyliert" werden, sie wieder in den Ruhezustand zurückkehren.

In vielen Fällen erweist sich Psychotherapie als wirksam. So hilft bei Phobien die „Exposition", das sachte Heranführen an die angstmachende Situation. Bei einer generalisierten Angststörung ist es hingegen erst einmal wichtig, diese überhaupt als solche zu entdecken, sagt die Wiener Psychologin Ulrike Rams: „Ein unruhiges Bauchgefühl, sich durchgehend beschäftigen zu müssen, dann am Abend zu viel essen und trinken, sich beim Aufwachen gleich an alle Sorgen erinnern", all das seien Symptome. Meist führen Momente der Belastung dazu, dass massive Kindheitsängste samt der erlernten Bewältigungsstrategien aktiviert werden.

Rams arbeitet mit Hypnose, um den nicht verarbeiteten Ängsten, die ihre Schatten werfen, auf die Spur zu kommen. Danach sei es nötig zu begreifen, dass die Bedrohung nun vorbei ist, dass es nicht mehr nötig ist, auf

Trigger mit Angst und Verzweiflung zu reagieren. Und es sei wichtig, sich in Gedanken einen sicheren Ort zu schaffen, an dem man sich geborgen fühlt. „Die generalisierte Angststörung ist vor allem Resultat von Problemen in der Kindheit", sagt Rams. Es ist eine Krankheit, die wir auch emotional vererbt haben. „Die Erwachsenen von heute wurden von Eltern erzogen, die in ihrer Kindheit in einer vom Krieg traumatisierten Generation erzogen wurden." Resultat sei eine emotionale Vernachlässigung gewesen, die sie an ihre Kinder weitergegeben haben und diese wieder an deren Kinder. Das schlug mitunter tiefe Wunden in die Seele. Denn unsere Ur-Angst, sagt Rams, sei: „Nicht liebenswert zu sein, die Liebe, die wir brauchen, nicht zu bekommen."

Die unerträgliche Schwere des Nicht-mehr-Seins

Neben versagter Liebe ist es natürlich der Tod, der uns einen Schrecken einjagt. Ob ich denn keine Angst hätte, in Syrien zu sterben, werde ich immer öfter gefragt. Wie ich das Gefühl wegstecken könne. Dies war mir lange unangenehm, weil ich es als meinen Job betrachte, die Erlebnisse anderer zu schildern, nicht meine. Mehr und mehr wurde mir gerade bei Vorträgen klar, wie sehr dies Menschen beschäftigt; mitunter mehr als die Konflikte in den Krisenregionen. Deshalb habe ich aufgehört, solche Fragen als nebensächlich abzutun, sondern antworte so ehrlich wie möglich: Mein Tod werde sich leider nicht verhindern lassen, auch wenn ich nie nach Syrien fahren würde. Es sei egal, was ich machte, ich stürbe irgendwann. Da habe ich keine Wahl, aber sehr wohl, ob ich mein Leben verliere, weil ich es in einer Komfortzone ablebe, nicht das tue, was mir sinnvoll scheint. – Damit löse ich zwar sehr betretenes Schweigen aus, aber öffne mein Visier. Wie auch hier in diesem Buch.

Tabu ist, glaube ich, in unserer Gesellschaft nicht der Tod an sich, wie häufig behauptet wird, sondern unentsetzt zu erwähnen, dass jeder und jede, so auch ich, einmal sterben wird. Dass wir solche höchst zerbrechliche Wesen sind, sorgt in unserer „westlichen" Sicherheits-Kultur für eine noch fürchterlichere Angst als der Tod selbst. „Niemand hat in Wahrheit Kontrolle über das Leben. Unfälle, die Biologie des Alters werden irgendwann nicht abzuwenden sein. Aber wir sind nicht hilflos. Wir haben die Macht, unsere Lebensgeschichte zu gestalten. Mut besteht darin, die Stärke zu haben, beide Realitäten zu akzeptieren", schreibt Atul Gawande, ein amerikanischer Arzt, in seinem mutigen Buch über die Sterblichkeit.[69] „Ein oberflächlich betrachtet glückliches und geordnetes Leben kann sich leer anfühlen, ein schwieriges bereichernd." Sinn ergebe sich, so Gawande, daraus, ob man intensive Momente erlebt, sie zugelassen hat.

Oder eben nicht, weil die Angst davor zu groß war, zu viel zu riskieren. Freilich ist mein Weg extrem. Aber er ist so auch ein Reibungspunkt, an dem sich die Angstabwehr der Anderen gut festmachen lässt. Mein Leben scheint rätselhaft. Sich an Scharfschützen zu wagen, sich der Gefahr auszusetzen, von Terroristen entführt zu werden, auch inmitten von Kämpfen Interviews zu führen, ist definitiv ein Sonderfall des Umgangs mit Angst. Risiken haben aber viele Erscheinungsformen. Mitunter sorgen sogar schöne Perspektiven für die heftige Angst, dass „etwas" passieren und den Kokon der Verlässlichkeit sprengen könnte. Eine neue Liebe. Ein Job-Angebot. Da fährt die Angst vor Veränderung ihre Krallen aus. Angenehm ist das Gefühl nicht, es stresst massiv, vor allem, wenn alles auf maximale Risiko-Minimierung ausgerichtet ist. Die Furcht-Muskulatur unserer Seelen ist deshalb untrainiert. So werden viele Gelegenheiten verpasst, weil eben dieser Sprung in Möglichkeiten nicht gewagt wird.

Sigmund Freud bezeichnete das Gefühl als „Knotenpunkt der Seele". Wer die Angst zu lesen verstehe, schrieb er einmal, könne alles begreifen, was das Seelenleben eines Menschen ausmache. Es gebe etwas, was Angst auslöse, mehr als alles andere, und das sei die Vermeidung, so Freud. „Wer in seinem Leben zentrale Dinge vermeidet, wichtigen Erfahrungen, wichtigen Entscheidungen aus dem Weg geht, zahlt dafür einen Preis. Und dieser Preis heißt Angst."[70]

In dieser Verdrängung tarnt sie sich, wie ich zu Beginn des zweiten Abschnitts geschildert habe. Oder schrumpft zum reparaturbedürftigen Mangel, der behoben, weggesteckt werden muss. Vor allem ihre eben erwähnte, fürchterlichste Form: die Todesangst. Wenn erzählt wird, dass jemand an Krebs gestorben ist oder das Herz stillstand, höre ich im Entsetzen, im Schock oft blankes Unverständnis mitschwingen: „Er war so sportlich. Hat kaum getrunken, nicht geraucht. Da wurde etwas übersehen." Natürlich gibt es Risiken für tödliche Krankheiten, dem medizinischen Personal unterlaufen Fehler. Meist ist aber niemand „schuld". Auch nicht man selbst.

„Was mich so wahnsinnig wütend macht", sagt meine schwer an Brustkrebs erkrankte 53-jährige Freundin Birgit Primig, „ist, dass viele mich dazu auffordern zu kämpfen. Nein, ich kämpfe nicht gegen meinen Krebs. Er ist auch ein Teil von mir. Meine Energie stecke ich in die schöne Gestaltung des Lebens, das ich jetzt habe." Trotzdem höre sie oft den Rat: „Glaub dran, dass du es schaffen wirst." Das macht sie erst recht zornig. „Das muss man einfach auch aushalten, dass es vielleicht irgendwann nicht mehr gut wird, es aber trotzdem gut ist, wie es ist."

Der Glaube an die Möglichkeit des „richtigen" Kämpfens, des „richtigen" Lebensstils vermittelt aber eine Ahnung von Allmacht. Wer stirbt, hat etwas falsch gemacht, der Tod wird zum größtmöglichen Life-Style-

Unfall entstellt. Hier lugt ein roter Faden hervor, der sich auch bei „harmlosen" Ängsten zeigt. Wenn die Kontrolle bröckelt, werden sie getriggert. Je enger das Sicherheits-Korsett geschnürt ist, desto bedrohlicher fühlt sich das Leben, fühlt sich die Welt an. Es folgt noch mehr Angst, die unerträglicher wird, nur durch noch mehr Kontrolle scheinbar beruhigt werden kann. Das geht auf Kosten der seelischen Elastizität, die es aber bräuchte, um die unvermeidlichen Erschütterungen im Leben abzufedern. Wer alles richtig macht, dem oder der passiert nichts, das ist eine Annahme, die erst so richtig Angst macht.

Einleuchtend, fast poetisch formuliert es der deutsche Autor, Psychologe und Therapeut Wolfgang Schmidbauer[71]: „Der Jäger, der am Morgen erwacht, hat nicht Angst zu verhungern, sondern er hat Hunger. Der Bauer hingegen hat keinen Hunger, denn sein Kornspeicher ist voll. Aber er hat Angst, dass etwas geschehen könnte, was ihm den Kornspeicher leert." Er lädt zu einem Sprung in die heutige Welt ein, in seine Therapeuten-Praxis: „Im Morgengrauen beenden den Schlaf des Universitätsprofessors depressiv getönte Sorgen, die im Perfektionismus wurzeln. Diese Ängste betreffen vor allem falsche Entscheidungen. Sobald es die Strategie des richtigen Lebens gibt, wird es schwierig, sie loszulassen."

Eng mit Angst verknüpft ist Schuld. Doch statt der Tradition einer erlösenden, wohlmeinenden Fehlerkultur sitzen uns in Europa leider die christlichen Kulturreste des nur von Gott und der Kirche verzeihbaren Sündenbegehens in den Knochen. Das Leitmotiv wird weitergetragen. „Der von der Selbsthilfe ausgetragene Kampf des positiven Denkens gegen die Negativität hat die Sünde ersetzt", schreibt der französische Philosoph Alain Ehrenberg, der über das „erschöpfte Selbst" drei Bände verfasst hat.[72] Dieses Selbst wird gesteuert von der Annahme, dass alles möglich sei. „Sie wirkt wie eine innere Stimme, die den Unzufriedenen allerorten hämisch einflüstert, dass es anders hätte kommen können, wenn sie nur die richtige Wahl getroffen hätten. Unter der Last der Verantwortung brechen die malträtierten Selbste oft zusammen."

Dem diametral entgegengesetzt verläuft das Leben in Krisengebieten. Die Menschen dort wachen mit Angst um ihr Leben auf. Der Tod ist kein in Anstalten und Institutionen abgeschobenes Ereignis, das ferngehalten werden kann. Die Gefahr ist real, direkt vor aller Augen. Zig tägliche Momente der Furcht – vor Verhaftung, Folter, Bomben – verdichten sich zu Dauerangst, traumatisieren. Auch hier sind ähnliche, wenn auch verzweifelte Abwehrstrategien zu beobachten. Während der Flächen-Bombardements in Aleppo etwa wurden leidenschaftliche Diskussionen darüber geführt, welches Stockwerk die Überlebenschancen bei Treffern erhöht. Reste davon habe sogar ich eingespeichert. So war mein erster Gedanke, als ich die Baustelle in meinem Schlafzimmer im Affekt falsch zuordnete, dass Obergeschoße doch gefährlich sind.

Es ist etwas anderes, zu ahnen, wie sich die Angst anfühlt, wenn ein Luftkrieg tobt, oder sie selbst mit den Menschen zu teilen. Tatsächlich war es eine der größten Herausforderungen, diese seelische Grätsche zu bewältigen: zwischen Menschen und ihrer akuten Lebensgefahr im Krieg und der chronischen Lebensangst vieler in meiner nur vermeintlich heilen Welt in Wien. Der kanadische Traumatherapeut Anthony Feinstein, der auf die Arbeit mit Kriegsreporterinnen wie mir spezialisiert ist, betont auch, „dass die Rückkehr aus den Konfliktgebieten zu den größten emotionalen Belastungen in diesem Beruf gehört."

Ein Ende ins Auge fassen

Mein Leben hat mich für dieses Wandeln zwischen den Welten gut vorbereitet. Der Tod stand mir einmal nahe. Er sprintete nicht in einem Kriegsgebiet auf mich zu, sondern kroch langsam in mein Bewusstsein. Und auf einmal war er da. Omnipräsent. Zum ersten Mal spürte ich seine Gegenwart in meinem Auto, ein paar Schritte von der Redaktion entfernt, in der ich damals arbeitete, in der Wiener Seidengasse. Ich wollte gerade heimfahren, da sah ich einen verpassten Anruf meiner Gynäkologin am Display. Ich rief sofort zurück. „Unter dem Myom könnte etwas anderes sein", sagte sie. „Krebs?" – „Wir müssen damit rechnen". Ich war damals 27 Jahre alt, und schon die Vorgeschichte dieses Tumors in meiner Gebärmutter hätte mich fast umgebracht. Er war sehr lange unentdeckt gewesen, bis ein Blutgefäß riss, mein Bauch voll Blut war. Als ich wegen fürchterlichen Schmerzen den Notarzt rief, wollte dieser mir ein schweres Schmerzmittel injizieren. Ich wäre so höchstwahrscheinlich verblutet, habe ihn aber schimpfend aus der Wohnung vertrieben und mich selbst ins Krankenhaus gefahren.

Eine Notoperation rettete mich, der Tumor, hieß es, sei groß, aber gutartig und alles werde gut. Bis es sechs Monate später diesen neuen Befund gab. Niemand konnte verstehen, was mit mir los war. Ich hätte, hörte ich, längst tot sein sollen, wenn er so bösartig war, wie er auf den MRT-Befunden plötzlich aussah. Später stellte sich heraus: Der gigantisch schnell wachsende, seltene Tumor konnte schlicht und ergreifend nicht metastasieren. Doch da waren bereits Monate vergangen, in denen ich mich an den Gedanken gewöhnt hatte, gewöhnen musste, nun zu sterben.

In dieser Phase bestand mein Leben nur aus Arbeit und Angst. Tagsüber habe ich funktioniert, die vielen

Diagnosen abgewartet, so lange es ging als Journalistin weitergearbeitet. An den Abenden und nachts habe ich mich weinend Stück für Stück an die Realität herangetastet, dass ich nun sterben könnte. Erst kurz vor der entscheidenden Operation habe ich aber meinen Frieden schließen können. Wie, das weiß ich nicht mehr. Aber das Gefühl ist geblieben. Es ist bis heute, Jahrzehnte später, noch präsent, als hätte ich diesen Fluss der Todesangst einmal überquert und etwas in mir wäre damals auf die andere Uferseite gewechselt. Geblieben ist ein klares Gefühl, dass ich mein Leben anders nutzen will.

Ich kündigte meine Anstellung als Wissenschafts-Redakteurin, die Sicherheit bedeutete, aber nichts mit meinem Wunsch, Auslands-Journalistin zu werden, zu tun hatte und und ging nach Paris, wo ich ein Post-Graduate für Krisenberichterstattung absolvierte. Für jenen Bereich, in dem ich eigentlich arbeiten wollte. Es erscheint widersinnig, knapp mit dem Leben davongekommen zu sein, um es dann in Serie zu riskieren. Aber nur auf den ersten Blick. Die Kaltblütigkeit, mit der ich seither exakt das tue, was ich für sinnvoll und richtig halte, verdanke ich dem Gefühl, dass jederzeit eine schlimme Diagnose alles auf den Kopf stellen kann, ein Unfall, ein Missgeschick. Dass ich nichts kontrollieren kann, außer, wie ich die Zeit bis dahin lebe.

Als ich mit einem Wiener Arzt über die Behandlung von COVID-19-Patienten gesprochen habe, sagte er knapp: „Angst davor, an der Viruserkrankung zu sterben, habe ich nicht. Als Internist wird mir das ständig bewusst. Es könnte jederzeit, von einer Sekunde auf die andere, aus sein. Ich weiß es nicht nur in der Theorie, sondern sehe es jeden Tag." Er lebe auch in diesem Bewusstsein. Natürlich habe er Angst inmitten der Pandemie empfunden. Davor, dass zu viele Kranke gleichzeitig „seine" Intensivstation bräuchten. Dass es zu einer Lage wie in Italien käme, dass sein Team es nicht schaffen könnte. Wirklich gefährdet, die Belastung der Behandlung dieser so schwierigen Krankheit nicht auszuhalten, seien jene Kollegen und Kolleginnen, denen Lebensrettung wichtiger sei als das würdige Sterben. „Jene, die den Tod eines Patienten als persönliche Niederlage sehen, haben es so oder so sehr schwer."

Ohne Menschen wie ihn, die bereit sind, eine Infektion offensiv in Kauf zu nehmen, um anderen zu helfen, wären wir der Pandemie hilflos ausgeliefert. Er hat sich für den Einsatz freiwillig gemeldet, obwohl weltweit 3.000 Ärzte, Ärztinnen, Pfleger und Pflegerinnen allein im ersten Halbjahr der Pandemie gestorben sind.[73] Ohne solche Menschen, die mit dem möglichen Tod ihren Frieden geschlossen haben, gäbe es keine Armeen, keine Sicherheitskräfte, keine Feuerwehr.

Die Auseinandersetzung mit der Endlichkeit ist nicht nur privat, sondern auch politisch essenziell. Ein Beispiel dafür liefert der Terrorismus. Da ich mich intensiv als Reporterin und Politikwissenschaftlerin mit dem Thema auseinandersetze, habe ich auch Vertreter islamistischer Terrorgruppen kennengelernt. Etwa im Sommer 2000 in Gaza-Stadt. „Das ist mein Sohn Mohammed. Reden Sie doch mit ihm", sagte der Mann zu mir, der als einer der Rekruter von Selbstmordattentätern für die Terrorgruppe Hamas zuständig war. Seinen Sohn stellte er mir vor, als ich ihn bat, mir einen seiner „Schüler" zu zeigen. Einen jungen Mann, der gerade dazu ausgebildet wurde, sich einen Bombengürtel umzuschnallen und sich auf einem israelischen Marktplatz in einem Café in die Luft zu sprengen. „Ich bin so stolz auf ihn", sagte der Vater. „Ihr fürchtet den Tod, wir lieben ihn. Das haben wir euch voraus."

Die Terrormiliz „Islamischer Staat", die sich im Laufe des Jahres 2013 auf Basis der al-Kaida im Irak, dschihadistischer Gruppen in Syrien und Europas formierte, beherrschte diese Propaganda wie keine Terrorgruppe zuvor. In einem wöchentlichen Newsletter, der über Internet-Kanäle verbreitet wurde, fand man eine Presseschau europäischer Medien. „Schaut, so sehr fürchten sie uns", lauteten die Kommentare. Als Propaganda-Chef tauchte 2014 der österreichische Terrorist Mohamed Mahmoud auf. „Ich bin dort aufgewachsen, ich weiß, was den Leuten in Europa den Schrecken einjagen wird: dass wir den Tod suchen. Das macht uns zu mutigen Löwen", prahlte er auf den Dschihadisten-Plattformen.[74]

„Die Angst ist der Feind der Freiheit. Auf diese Formel lassen sich viele Appelle nach den Terrorangriffen von Paris bringen", schreibt der Philosoph David Lauer kurz nach den verheerenden Anschlägen des „Islamischen Staates" in Paris mit 130 Toten.[75] „Die Angst, dass jeder meiner Schritte, und sei er noch so belanglos, meinen grausamen Tod besiegeln kann, lähmt das Vermögen, sich selbst zu bestimmen. So zersetzt die Angst vor der wahllosen Gewalt des Terrors die Freiheit von innen. Darum werden wir dieser Tage wieder und wieder darauf eingeschworen, diesen Zusammenhang zu durchbrechen." Doch Lauer meldet Zweifel an: Es sei nicht der beste Weg, sie zu ignorieren. Im Gegenteil: „Die Angst zuzulassen und anzunehmen ist notwendige Bedingung dafür, sich frei – ernsthaft, überlegt und verantwortlich – zur Bedrohung durch den Terror zu verhalten."

Als Kronzeugen beruft Lauer sich auf den deutschen Philosophen Martin Heidegger, der 1927 in seinem epochalen Werk „Sein und Zeit" schrieb: „In der Angst bricht die alltägliche Vertrautheit zusammen, die Welt wird unheimlich." Indem der Mensch sich mit dem eigenen Tod konfrontiert sieht, „sorgt" er sich um sein Dasein. Anstatt sich in der „durchschnittlich entdeckten

Mitwelt", dem sogenannten „man", zu verlieren, wird der sich Ängstigende im Angesicht des Todes er selbst. Der Existenzphilosoph Heidegger baut hier auf die Gedanken Kierkegaards auf und begründet die später auch von Jean-Paul Sartre vertretene Haltung, dass der Weg in die Freiheit durch das Gefühl der Angst führt, sich ihr zu stellen, statt ihr auszuweichen.

Eine Krise im Leben als Chance zu begreifen, ist eine Plattitüde, die sich abgenutzt anhört. Viele, denen eine Tragödie widerfährt, werden einwenden, es gebe eben Momente, die einfach nur traurig sind. Auch ohne den krampfhaften Versuch, allem etwas Gutes abzugewinnen, bergen solche Erfahrungen wertvolle Einsichten.

Als meine Freundin, die Journalistin Saskia Jungnikl, im März 2013 die Geschichte vom Suizid ihres Vaters als Zeitungsartikel und später als Buch veröffentlicht, bricht sie ein Thema auf, das doppelt tabuisiert ist. Es ist ein Text, der berührt, Aufsehen erregt, preisgekrönt wird. Danach gerät sie allerdings in eine tiefe Panik vor dem eigenen Tod. „Ich hatte unglaubliche Angst, dass alles von einer Sekunde auf die andere vorbei sein könnte. Ich vermute, es war Angst vor dem Kontrollverlust, Angst davor, dass die Welt ohne mich weitergeht, was ich als Kränkung empfunden habe."

Mit einem weiteren Buch – „es war eine Art Expositionstherapie", wie sie sagt – stellt sie sich diesem Gefühl.[76] Sie besucht ein Hospiz, ein Leichenschauhaus, ein Bestattungsunternehmen. Mittlerweile hat sie zu einer „normalen Angst" zurückgefunden. „Ich kann mich noch so sehr davor fürchten, es wird nichts am Ergebnis ändern. Ich werde irgendwann einmal tot sein." Was sie allerdings ändern könne, sei, ihr Leben so zu gestalten, wie sie es sich wünscht. „Da ich ohnehin sterben werde, ist es nicht nötig, ständig nach den Erwartungen anderer zu leben. Also kann ich eigentlich nichts falsch machen."

„Erst im Angesicht des Todes erkennt sich der Mensch selbst", formulierte es Augustinus vor 1500 Jahren. Entlang solcher Gedanken begleitet der Psychologe Irvin Yalom die Leser seines wirklich wunderbaren Buches *In die Sonne starren* auf ihrem Weg durch die Todesangst.[77] Er beschreibt eindrucksvoll, wie seine Arbeit mit Klienten und Klientinnen einen Durchbruch hin zu mehr Lebenszufriedenheit und Glück bedeutete. Auch bei über 80-Jährigen. Dazu macht er deutlich, wie oft sich die nicht aufgelöste Angst vor der eigenen Endlichkeit in diffuser Ängstlichkeit äußert, die scheinbar gar nichts mit Todesangst zu tun hat. Sie werde umso heftiger, je weniger das Leben genutzt und genossen wird. Er erinnert daran, dass Lebende den Tod nicht denken können, dass dort, wo sie nicht sind, ohnehin kein Gedanke hinführt. Also gebe es nichts zu fürchten. Er rät deshalb, sich an den Rat des griechischen Philosophen Epikur zu halten. Der meinte, man müsse sein Leben einfach so gestalten, dass man exakt dieses Leben mit Freude endlos oft wiederholen möchte. – Dann hat man richtig Angst. Davor, falsch zu leben und nicht davor, irgendwann zu sterben.

Anmerkungen

1   Jana Hensel, Erklär mir Corona, Liebe. Die Zeit. 22.6.2020. https://www.zeit.de/gesellschaft/2020-06/pandemie-beziehung-corona-liebe-bilanz

2   Der Text ist auf meinen Wunsch nicht durchgehend gegendert. Ich benutze mitunter beide Formen, mitunter nur die weibliche und nur die männliche Form. Gemeint sind, wenn nicht ausdrücklich ergänzt, alle drei Geschlechter.

3   Siehe dazu. u.a.: Elana Beiser, CPJ Special Report. 17.12.2019. https://cpj.org/reports/2019/12/journalists-killed-murdered-syria-mexico-impunity/#:~:text=The%20number%20of%20journalists%20killed,Mexico%20were%20the%20deadliest%20countries.

4   Peter Kann, Things a War Correspondent Should Never Say. Wall Street Journal. 15.2.2015. https://www.wsj.com/articles/peter-kann-things-a-war-correspondent-should-never-say-1423872391

5　Sara Berger, War Images. „Napalm Girl."
　　Confluence. NYU. 14.2.2018.
　　https://confluence.gallatin.nyu.edu/sections/
　　research/war-images-napalm-girl
6　Alice Bloch, War Photography In the Age Of Social
　　Media. 13.4.2015. The New Humanist.
　　https://newhumanist.org.uk/articles/4857/war-
　　photography-in-the-age-of-social-media
7　Susan Sontag, Looking at War. Photography's View
　　on Devastation and Death. New Yorker. 1.12.2002.
　　Das Leiden der Anderen betrachten. München.
　　2003.
8　Das Zitat stammt aus diesem Buch, auf das ich
　　später noch Bezug nehme: Anthony Feinstein,
　　Journalists Under Fire. The Psychological Hazards
　　of Covering a War. Johns Hopkins University Press.
　　2006.
9　Joachim Rienhardt, Mord an stern-Reportern.
　　19.6.2019
　　https://www.stern.de/politik/ausland/kosovo-
　　-der-tod-kam-fuer-die-stern-reporter-am-
　　ersten-tag-des-friedens-8750728.html

10   Francesca Borri, Women's Work. Columbia
     Journalism Review. 17.1.2017.
     https://archives.cjr.org/feature/womans_work.php

11   Antony Feinstein, and Stephen Starr, „Civil War in
     Syria: the psychological aspects on journalists."
     Journal of Aggression, Conict and Peace Research,
     Vol. 7 No. 1, pp. 57-64. 2015.
     https://doi.org/10.1108/JACPR-04- 2014-0119

12   Pippa Grange, Fear Less. How To Win at Life
     without Losing Yourself. Vermilion. London. 2020

13   Hier zitiert nach dem Podcast von Sarah Sarkis
     zu getarnten Ängsten.
     https://podcasts.apple.com/gb/podcast/
     ep-213-fear-a-master-of-disguise-with-dr-sarah-
     sarkis-redux/id1175495815?i=1000415914005

14   https://www.krone.at/2167849

15   Einen ausführlicheren und empfehlenswerten
     Überblick zur Geschichte der Angstforschung
     bieten: Georg Psota, Michael Horowitz, Angst.
     Erkennen. Verstehen. Überwinden. Residenz
     Verlag. Salzburg. 2018

16   Francisco Varela, Erkennen. Die Organisation und
     Verkörperung der Wirklichkeit. Vieweg.
     Wiesbaden. 1982

17   Marvin Zuckerman, Sensation Seeking and Risky
     Behavior. American Psychological Association. 2007

18 Michael Kraske, Vom Reiz des Risikos. stern.
    5.10.2008
    https://www.stern.de/panorama/wissen/
    mensch/risikoverhalten-vom-reiz-des-
    risikos-3763220.html

19 Siehe dazu: Brenda Patoine, Desperately Seeking
    Sensation. Dana Foundation for Neuroscience.
    18.4.2019.
    https://www.dana.org/article/desperately-seeking-
    sensation/

20 Charles Darwin, The Expression of the Emotions in
    Man and Animals. 1872.

21 Jaak Panksepp, Affective Neuroscience:
    The Foundations of Human and Animal Emotions.
    New York. 1998

22 Als Basis für Freuds Gedanken wurde hier sein älte-
    res Werk zu dem Thema herangezogen und zitiert.
    Sigmund Freud, Hemmung, Symptom und Angst.
    1926

23 Lars Koch (Hrsg.), Angst. Ein interdisziplinäres
    Handbuch. Metzler'sche Verlagsbuchhandlung.
    Stuttgart. 2013.

24 Zusammenfassung beruht auf: Borwin Bandelow,
    Das Angstbuch. Woher Ängste kommen. Zitiert
    nach Taschenbuchausgabe. rowohlt. Hamburg.
    2006.

25 Gerald Hüther, Biologie der Angst. Wie aus Stress
    Gefühle werden. V&R. Göttingen. 1997. Sowie vom
    gleichen Autor: „Wege aus der Angst". 2020
26 Fritz Riemann, Grundformen der Angst. reinhardt.
    München 1961
27 Khaled Khalifa, Syrians Await New Form of Death in
    Coronavirus. Asharq al-Awsat. 23.3.2020.
    https://english.aawsat.com/home/article/2194831/
    exclusive-syrians-await-new-form-death-corona-
    virus, A World Redrawn: Novelist says Syrians will
    remain unheard. AFP. 13.6.2020.
    https://www.thisismoney.co.uk/wires/afp/
    article-8417117/A-World-Redrawn-Novelist-says-
    Syrians-remain-unheard.html
28 Ann Barnard, Inside Syria's Secret Torture Prisons.
    New York Times. 11.5.2019.
    https://www.nytimes.com/2019/05/11/world/
    middleeast/syria-torture-prisons.html
29 Association of Detainees and the Missing in
    Sednayah Prison (ADMSP), Prison of Sednayah
    During the Syrian Revolution (Testimonies). 2019.
    https://admsp.org/wp-content/uploads/2020/07/
    Testimonies-EN-1-1.pdf
30 Petra Ramsauer, Siegen heißt, den Tag überleben.
    Nahaufnahmen aus Syrien. Kremayr & Scheriau.
    Wien. 2017.

31 Lydia Denworth, The Biggest Psychological Experiment in History Is Running Now. Scientific American. June Issue. 2020. https://www.scientificamerican.com/interactive/the-biggest-psychological-experiment-in-history-is-running-now/?utm_source=pocket-newtab

32 Thanassis Cambanis, Working from Hamra. Columbia Journalism Review. 21.4.2020. https://www.cjr.org/analysis/lessons-about-working-from-home-iraq-war-coronavirus.php

33 UNICEF Middle East and Africa, Fast Facts. Syria Crisis Report. August 2019. https://www.unicef.org/mena/reports/syria-crisis-fast-facts

34 Syed Roshaan Ahmed e.a., Rise of Human Devastation Syndrome in Syria. International Journal of Community Medicine and Public Health. Vol 5, No 4 2018. https://www.ijcmph.com/index.php/ijcmph/article/view/2532

35 Bessel van der Kolk, The Body Keeps the Score. Mind, Brain and Body in the Transformation of Trauma. Penguin. 2014.

36 Mark Wolynn, It Didn't Start With You. Penguin. 2016.

37 Paul Slovic, Psychic Numbing and Genocide. APA Science Briefs. November. 2007. https://www.apa.org/science/about/psa/2007/11/slovic

38 Katherine A. Auger, e.a.t, Association Between Statewide School Closure and COVID-19 Incidence and Mortality in the US. JAMA. 29.7.2020. https://jamanetwork.com/journals/jama/fullarticle/2769034

39 Helmut Däuble, Aufwachen Kinder, Taz. 5.4.2020. https://taz.de/Wohlstandsgesellschaft-und-das-Virus/!5674092/

40 Späterer Lockdown hätte Zahlen vervielfacht. ORF online. 28.5.2020 https://science.orf.at/stories/3200847/

41 Daniel P. Oran (e.a.), Prevalence of Asymptomatic SARS-CoV-2 Infections. Annals of Internal Medicine. 3.6.2020. https://www.acpjournals.org/doi/10.7326/M20-3012

42 Matt Apuzzo e.a., How the World Missed COVID-19's Silent Spread. 27.6.2020 https://www.nytimes.com/2020/06/27/world/europe/coronavirus-spread-asymptomatic.html

43 Siehe: Robert-Koch-Institut, SARS-CoV-2 Steckbrief zur Coronavirus-Krankheit-2019 (COVID-19) Stand: 24.7.2020. https://www.rki.de/DE/Content/InfAZ/N/

Neuartiges_Coronavirus/Steckbrief.
html#doc13776792bodyText4

44 Mark M. Tenforde (e.a.), Symptom Duration and
Risk Factors for Delayed Return to Usual Health
Among Outpatients with COVID-19. MMWR. Morb
Mortal Wkly Rep. New York. 2020.
https://www.cdc.gov/mmwr/volumes/69/wr/
mm6930e1.htm?s_cid=mm6930e1_w

45 David Robson, The Fear of Coronavirus is Changing
Our Psychology. BBC Future. 2.4.2020.
https://www.bbc.com/future/article/20200401-
covid-19-how-fear-of-coronavirus-is-
changing-our-psychology

46 Zu diesem Absatz siehe: Günther Brandstetter e.a.,
Nach welchen Todesursachen wir googeln und
woran wir sterben. Der Standard. 25.8.2019.
https://www.derstandard.at/story/2000107194870/
nach-welchen-todesursachen-wir-googeln-und-
woran-wir-sterben
Stacy Lu, An Epidemic of Fear. APA. Monitor. March
2015, Vol 46, No. 3.
https://www.apa.org/monitor/2015/03/fear

47 Editorial, The Truth is Out There, Somewhere.
The Lancet. 1.8.2020.
https://www.thelancet.com/journals/lancet/article/
PIIS0140-6736(20)31678-0/fulltext

48 Franziska Bechthold, 39 Prozent der Österreicher halten Bill-Gates-Verschwörung für möglich. 16.6.2020.
https://futurezone.at/digital-life/39-prozent-der-oesterreicher-halten-bill-gates-verschwoerung-fuer-moeglich/400941644

49 WHO Policy Brief. COVID 19 and the Need for Action on Mental Health. May 2020.
https://unsdg.un.org/sites/default/files/2020-05/UN-Policy-Brief-COVID-19-and-mental-health.pdf

50 https://www.medmedia.at/im-fokus/corona/wie-die-covid-krise-mental-health-beeinflusst/

51 Lucas von Ramin, Zum Verhältnis von Angst und Politik in Zeiten von Corona. Siehe Professur für Didaktik der Politischen Bildung. TU Dresden. 2020.
https://tu-dresden.de/gsw/phil/powi/dpb/studium/lehrveranstaltungen/zum-verhaeltnis-von-angst-und-politik-in-zeiten-von-corona#ck__edn16

52 Kyle Whitmire, COVID-19 and Black Lives Matter aren't competing stories. They're the same story. Alabama. Dot. 13.6.2020.
https://www.al.com/news/2020/06/covid-19-and-black-lives-matter-arent-competing-stories-theyre-the-same-story.html

53 Richard R. Oppel e.a., The Fullest Look Yet at the Racial Inequity of Coronavirus. New York Times. 5.7.2020.

https://www.nytimes.com/interactive/2020/07/05/us/coronavirus-latinos-african-americans-cdc-data.html

54 Adelina Comas-Herrera e.a., Mortality associated with COVID-19 outbreaks in care homes: early international evidence. LTC Responses to COVID 19. Last update: 22.6.2020.
https://ltccovid.org/2020/04/12/mortality-associated-with-covid-19-outbreaks-in-care-homes-early-international-evidence/

55 Thomas Seifert, Die Post Covid-19 Welt. Wiener Zeitung. 25.7.2020.
https://www.wienerzeitung.at/nachrichten/politik/welt/2069215-Die-Post-Covid-19-Welt.html.
Siehe weiter: Ivan Krastev, Ist heute schon morgen? Ullstein. 2020.

56 Heinz Bude, Gesellschaft der Angst. Hamburger Edition. 2014.

57 Vienna Center for Electoral Research, Die Zukunft der Arbeit nach Corona. In: Corona-Blog. Teil 61. 2020.
https://viecer.univie.ac.at/corona-blog/corona-blog-beitraege/blog61/

58 Mark Schieritz, Fünf Millionen. Die Zeit. 16.7.2020.

59 Heribert Prantl, Angst vor der Zukunft. Süddeutsche Zeitung. 27.12.2019.

https://www.sueddeutsche.de/politik/angst-zukunft-jahreswechsel-1.4737240

60 Alex Williams, Prozac Nation Is Now the United States of Xanax. New York Times. 10.6.2017. https://www.nytimes.com/2017/06/10/style/anxiety-is-the-new-depression-xanax.html

61 Alissia Fowers, A Third of Americans Now Show Signs of Clinical Anxiety or Depression. Washington Post. 26.5.2020. https://www.washingtonpost.com/health/2020/05/26/americans-with-depression-anxiety-pandemic/?arc404=true

62 Ruth Wodak, Politik mit der Angst. Edition Konturen. 2016.

63 Richard J. Evans, Das Dritte Reich. Band zwei. Die Diktatur. DVA. München. 2002.

64 Scott Stossel, My Age of Anxiety. Windmill Books. 2014.

65 Frank Biess, Republik der Angst. Eine andere Geschichte der Bundesrepublik. Rowohlt, Reinbek. 2019.

66 Diese Daten beruhen auf einer umfassenden Literatur-Recherche und ExpertInnen-Gesprächen. Siehe u.a. hier: Max-Planck-Institut für Psychiatrie. https://www.psych.mpg.de/840889/angst

67 Andrea Petersen, Anxiety Looks Different in Men. Wall Street Journal. 30.7.2019.

https://www.wsj.com/articles/anxiety-looks-different-in-men-11564494352

68 Die Forschungsergebnisse sind hier zusammengefasst und wurden in Absprache mit Katharina Domschke vor Erscheinen auf ihre Aktualität geprüft. Pressemitteilung DGNNP. 5.4.2017. https://www.dgppn.de/_Resources/Persistent/dbd 5c5c99d6c8869b4a4d2aed828c69982406c89/2017-05-04_1Themendienst-Epigenetik.pdf

69 Atul Gewande, Being Mortal. welcome collection. London. 2014.

70 Zitiert nach: Stephan Lebert, Die unheimliche Gefährtin. Die Zeit. 21.2.2017. https://www.zeit.de/zeit-wissen/2017/02/psychologie-angst-therapie-panikattacken-terror-gesellschaft-unsicherheit-trauma

71 Wolfgang Schmidbauer, Raubbau an der Seele. Psychogramm einer überforderten Gesellschaft. München. 2017.

72 Hier ist der Band zitiert: Alain Ehrenberg, Das Unbehagen in der Gesellschaft. Suhrkamp. 2012.

73 Amnesty International, Global: Health workers silenced, exposed and attacked. 13.7.2020. https://www.amnesty.org/en/latest/news/2020/07/health-workers-rights-covid-report/

74 Mehr dazu: Petra Ramsauer, Die Generation Dschihad. Styria. 2015.

75 David Lauer, Der bodenlose Abgrund der Freiheit. 21.11.2015. Deutschlandfunk. https://www.deutschlandfunkkultur.de/ philosophischer-wochenkommentar-der-boden-lose-abgrund-der.2162.de.html?dram:article_id=337600

76 Saskia Jungnikl, Eine Reise ins Leben oder wie ich lernte die Angst vor dem Tod zu überwinden. Fischer. 2017.

77 Yalom. 2008.

Petra Ramsauer

geboren 1969 in Vöcklabruck/Oberösterreich, hat
Politikwissenschaft in Wien und Journalismus in Paris
studiert. Sie arbeitet seit 1989 als Journalistin, seit
1999 als Krisenberichterstatterin. Nach Stationen als
Redakteurin bei *profil, ORF, Kurier* und *News,* wo sie
das Auslandsressort leitete, ist sie seit 2009 als freie
Reporterin tätig. In erster Linie berichtete sie über
die Kriege in Syrien, Libyen und die Konflikte im Irak.
Ihre Texte erscheinen unter anderem in *Die Zeit online,*
Die Welt, Neue Zürcher Zeitung am Sonntag, profil und

Wiener Zeitung. Als Reporterin arbeitet sie außerdem für den *ORF* und den *SRF*. 2014 erhielt Petra Ramsauer den Concordia-Preis für Menschenrechte. Bei K&S erschienen zuletzt Reportagen aus Syrien unter dem Titel „Siegen heißt, den Tag überleben". Das Buch „Angst" entstand in einem Weiterbildungsjahr, in dem sie ihre Ausbildung als Trauma-Therapeutin startete. Aktuell bereitet Petra Ramsauer ihre Dissertation zum Thema „Trauma und Krieg" vor.

morgen!! über

Erhard Busek
Muamer Bećirović
Heimat

Was ist Heimat?

Unter welchen Voraussetzungen entsteht ein Heimatgefühl?
Wie hat sich die Bedeutung des Begriffs historisch verändert?
Und wie können wir aus der Geschichte für die Zukunft lernen?
Zwischen Erhard Busek und Muamer Bećirović liegen fast zwei
Generationen. Was die beiden jedoch verbindet: Sie denken voraus.
Und liefern Ideen zur Gestaltung einer österreichischen, euro-
päischen und globalen Heimat.

K&S übermorgen • ISBN 978-3-218-01239-3 • 18,00 €

übermorgen

Jaqueline Scheiber
Offenheit

Ein Plädoyer für Zwischentöne in einer lauten Welt

Jaqueline Scheiber öffnet jeden Tag ein virtuelles Fenster zu ihrer Welt. Sie reflektiert präzise, warum sie es für unerlässlich hält, die eigene Stimme zu erheben und gehört zu werden. Dabei beschreibt sie den Balanceakt zwischen Öffentlichkeit und Privatheit und tritt den Beweis an, dass „radical softness as a weapon" (Lora Mathis) die Basis ist für ehrlichen Austausch, empathische Auseinandersetzung und echte Veränderung.

K&S übermorgen • ISBN: 978-3-218-01237-9 • 18,00 €

Gedruckt mit freundlicher Unterstützung
durch die Kulturabteilung der Stadt Wien

**Stadt
Wien**

www.kremayr-scheriau.at

ISBN 978-3-218-01238-6
Linolschnitt, Schutzumschlaggestaltung,
typografische Gestaltung und Satz: Sheila Ehm
Reihen-Konzept & Lektorat: Stefanie Jaksch
Korrektorat: Paul Maercker
Druck und Bindung: Finidr, s.r.o., Czech Republic

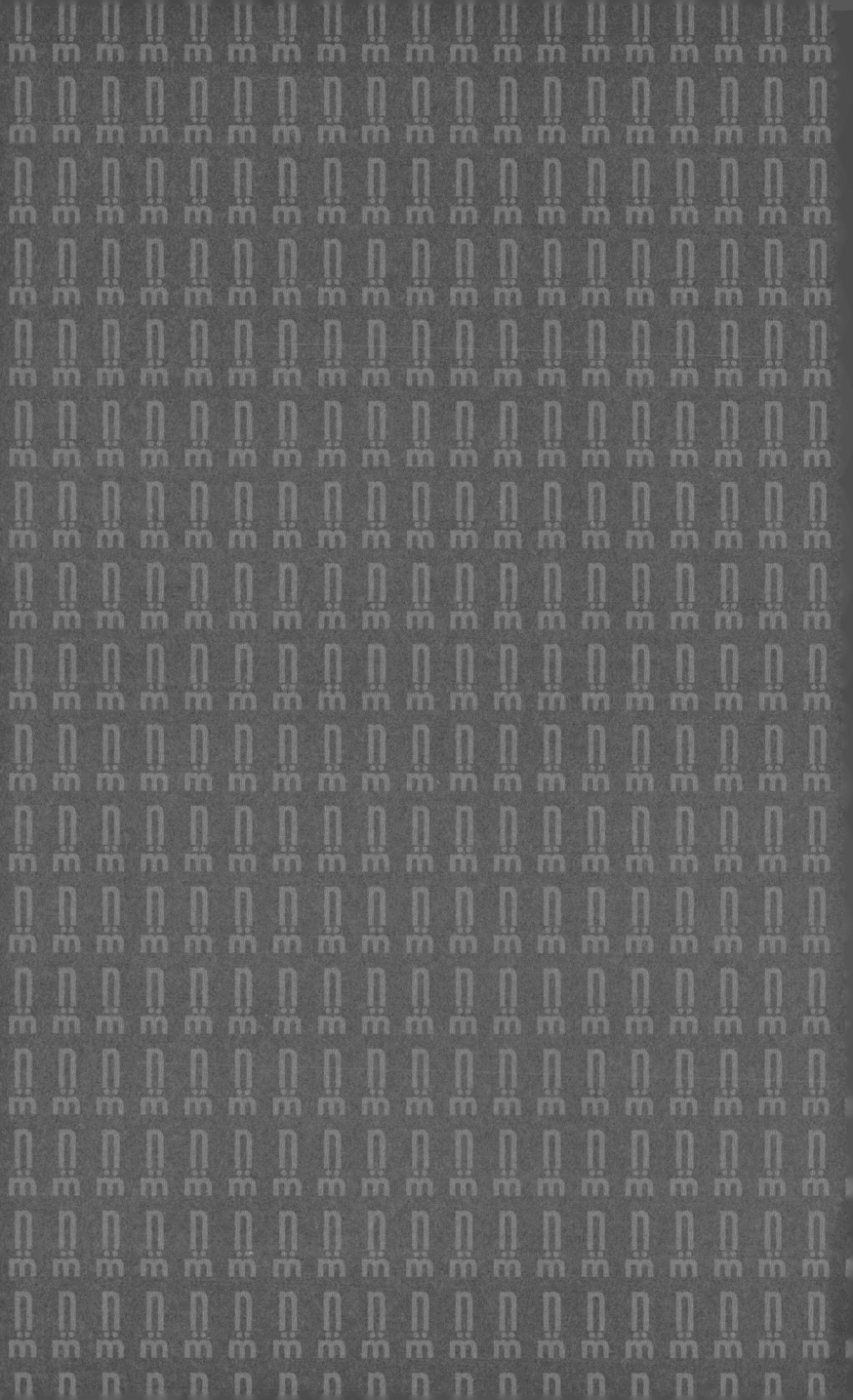